Marianne Hahsler:

Katzen

Seelenfreunde und therapeutische Helfer

Marianne Hahsler

Katzen

Seelenfreunde und therapeutische Helfer

VERLAGSHAUS DER ÄRZTE

Abbildungsnachweis

Der Großteil der Fotos wurde von der Verfasserin aufgenommen. Die Bilder auf den Seiten 4 (Konstantin Gastmann/pixelio); 10, 48, 51, 145 (Fotos4u Nino); 19 (Elfriede Bernhard); 21 (Kammersystole/pixelio); 22, 31, 50, 91, 101 (Jutta Brunner); 23 (Andreas Zöllick/pixelio); 25 (Susan Hauke/pixelio); 30, 62, 64, 132, 133 (Rosmarie Poskocil); 65, 135 (Andrea Pompe); 53, 58, 68, 72, 107, 108, 126 – verändert, 128 – verändert (Wilma Spitzl); 54, 55, 104 (Hagen Schaub); 56, 80 (Uschi Trnoska-Boehm); 118, 120 (Barbara Wirnsperger); 122 (Dieter Schütz/pixelio); 124 (Betty/pixelio) wurden von den oben genannten Personen freundlicherweise für dieses Buch zur Verfügung gestellt. Herzlichen Dank!

www.aerzteverlagshaus.at

1. Auflage 2011

ISBN 978-3-99052-001-7

Umschlag & Satz: Grafikbüro Lisa Hahsler, Deutsch-Wagram
Umschlagfoto: Marianne Hahsler
Projektbetreuung: Hagen Schaub
Druck & Bindung: Gorenjski tisk storitve, 4000 Kranj

Printed in Slovenia

Autorin und Verlag haben alle Buchinhalte sorgfältig erwogen und geprüft, dennoch kann keine Garantie übernommen werden. Eine Haftung der Autorin bzw. des Verlags wird daher nicht übernommen.

Aus Gründen der leichteren Lesbarkeit – vor allem in Hinblick auf die Vermeidung einer ausufernden Verwendung von Pronomen – haben wir uns dazu entschlossen, alle geschlechtsbezogenen Wörter nur in eingeschlechtlicher Form – der deutschen Sprache gemäß zumeist die männliche – zu verwenden. Selbstredend gelten alle Bezeichnungen gleichwertig für Frauen.

Vorwort

Solange man kein Tier geliebt hat,
bleibt ein Teil der Seele unerweckt.

Anatole France (1844–1924)

Dieses Buch handelt nicht nur von Katzen, sondern vor allem von der Mensch-Katze-Beziehung.

Es ist im Wissen um die Bedeutung der pädagogischen und therapeutischen Erfolge geschrieben, die empathische Menschen mit ihren vierbeinigen Helfern erzielen können. Es möge als Hilfestellung verstanden werden, um unsere Freunde besser zu verstehen, Einsätze zu planen und die Gefahr einer Instrumentalisierung zu mindern. Denn was grundsätzlich für alle Therapietiere gilt, gilt für Katzen im Besonderen: Nur was auf freiwilliger Basis geleistet wird, ist von Wert und wirkt nachhaltig.

Zu guter Letzt ist es auch ein sehr persönliches Buch, in dem in Form kleiner, selbst erlebter Geschichten die Seele der Katzen in ihrer Komplexität erahnt werden kann.

Marianne Hahsler

Waidendorf, am 8. August 2011

Inhalt

Einleitung

Kater Happy – vom hilflosen Findelkind zum therapeutischen Helfer

Zwischen Ernstbrunn und Enzersdorf im Thale im niederösterreichischen Weinviertel ist die Natur, selbst wenn man sie nur aus dem Fenster eines Autos aus betrachtet, wunderschön. Hügeliges Gelände, kleine Felder, Streuobstwiesen, ein Teich und immer wieder Wald – ein wunderschönes Fleckchen Natur. Ich bin auf dem abendlichen Weg nach Hause, es ist Herbst. Der Wald will kein Ende nehmen ...

Im Lichtkegel des Scheinwerfers hat sich etwas bewegt – oder doch nicht? Natürlich, um Gottes Willen, ein Katzenbaby auf dem Mittelstreifen, ein zweites entdecke ich kurz darauf. Bremsen, Warnblinkanlage, Aussteigen, dabei die Tierchen im Auge behalten, alles geschieht automatisch, ohne zu denken. Ein winziges, rot-weißes Häufchen Elend bekomme ich zuerst zu fassen, dann blendet mich der Gegenverkehr. Wo ist denn jetzt der andere? Der kleine Graue ist in der Finsternis auf dem Asphalt kaum zu sehen. Ein Hechtsprung geht daneben, weil in der anderen Hand der Rot-Weiße zappelt. In letzter Sekunde erwische ich den Kleinen, dann brausen vier Autos an uns vorbei. Der erste Lenker hat nicht einmal das Fernlicht ausgeschaltet! Jetzt ist es wieder dunkel um uns, die Zwerge in meiner Hand sind bereits zu schwach, um zu zappeln, aber sie zittern vor Kälte und weinen ein wenig. Trotzdem sehe ich mich um, versuche weitere Geschwister oder das Muttertier zu finden. Wir sind mehr als 500 Meter von der Ortschaft entfernt, mitten im Wald, viel zu weit für den Aktionsradius einer Babykatze. Also kommen nur zwei Möglichkeiten in Frage: Entweder sind die Tiere ausgesetzt worden oder der Mutter, einer Streunerin, ist etwas zugestoßen.

Ich fahre sofort weiter zum nächsten Tierarzt. Mit zwei weinenden Babys auf dem Schoß nicht ganz einfach, aber die beiden sind Gott sei Dank zu erschöpft, um davonzuklettern. Es stellt sich allerdings heraus, dass die Tierchen keineswegs zu schwach sind, um die Ärztin, die die Untersuchung durchführt, anzufauchen. Dort lassen darf ich sie nicht, aber ich bekomme eine Entwurmungspaste, die Diagnose „Zwei Katerchen, entkräftet und unterkühlt, aber sonst scheinen sie okay" und einen Schuhkarton mit auf den Weg. Alles gratis, supertoll ... Den langen Weg nach Waidendorf versüßen die Kartonkinder den Hunden und mir mit Hungergeschrei, mal laut, mal leise vorgetragen.

Das kleine Kabinett meines Hauses wird zum Quarantäneraum umfunktioniert, mit Kuscheldecke, Katzentoiletten und Wasserschüssel ausgestattet. Aber zuvor, ganz gleich und sofort, gibt es Futter. Den Gedanken, „Hoffentlich fressen sie schon selbstständig, ich habe weder Milch noch Flascherl", verwerfe ich sofort, als die Schreihälse völlig ins Futter eingetaucht fressen und fressen und fressen und fressen – ohne dabei mit dem Hungergeschrei aufzuhören! Nach drei Schälchen übermannt sie der Schlaf und sie schnarchen volle zehn Stunden. Am nächsten Morgen wiederholt sich die Szene: Die Katerchen setzen sich schreiend in – nicht vor – die Futterschüsseln und fressen schier unglaubliche Mengen. Mittags wiederholt sich das Spiel natürlich, dieses Mal habe ich allerdings schon Juniormenüs, mit Kalzium und extra Protein angereichert, besorgt.

Wer so viel erlebt, braucht auch Pausen.

Der rote Kater ist wesentlich schwächer, kleiner und sucht ununterbrochen Mamas Zitzen. Dabei schreit er herzzerreißend. Fressen kann er zwar, aber aus einer Schüssel trinken hat er noch nicht gelernt. Erst nach längerer Überlegung kommt mir eine gute Idee – das einzige, was den kleinen Kerl zum Trinken animiert: Ein Stückchen Fleisch wird immer und immer wieder ins Wasser getaucht und Happy – so

nenne ich den Kater nun – nuckelt daran, so lange, bis er tief und fest einschläft.

Auch meine Hunde, vier Zwergspitze, wovon zwei als Therapietiere eingesetzt werden, sind jetzt gefragt – als „professionelle" Babysitterin steht Mäuschen vom ersten Tag an hoch im Kurs: Die kleine Hündin freut sich sehr, dass sie nicht mehr die Kleinste im Hunde-Katzen-Team ist – mit ihren drei Kilogramm ist sie gegenüber den Findelkindern geradezu eine Riesin, daher dürfen Happy und Joy (so soll die zweite Katze heißen), eng an Mäuschen geschmiegt, im Hundekörbchen kuscheln, da vermisst man Mama gleich nicht mehr so stark! Es wundert mich immer wieder, wie unglaublich laut diese kleinen Zwerge schnurren können.

Wenn man mitten auf der Straße zwei Katzenkinder findet, nimmt man wohl automatisch an, dass sie verwandt sind. Also zwei Brüder – so unterschiedlich wie Tag und Nacht, und zwar vom ersten Tag an.

Happy ist von Anfang an der Anstrengendere. Er weint ständig nach seiner Mama, sucht an allen möglichen und unmöglichen Orten nach Zitzen, kann nicht selbstständig trinken, will nicht alleine schlafen und hat ständig ein schmutziges Fell. Fressen bedeutet für den kleinen Kerl nämlich von Anfang an Ganzkörperkult und das geht so: Er verlangt schreiend alle zwei Stunden nach Nahrung, und wenn das Futterschüsserl hingestellt wird, setzt er sich hinein und gräbt seinen Kopf in das leckere Essen. Die dünnen Babyhaare nehmen sofort alles auf und Happy sieht nach jeder Mahlzeit aus, als hätte er sich im Schlamm gewälzt. Da Kätzchen sich frühestens ab der sechsten Lebenswoche selber putzen können – vorher macht das normalerweise die Mutterkatze – sind feuchte Tücher in dieser Zeit mein zweiter Vorname und Happy heißt meistens „Plärrpappe". Ganz anders verhält sich Brüderchen Joy. Nach der ersten Woche, in der es nur Defizite abzudecken gab und auf Speisemanieren natürlich kein Wert gelegt werden konnte, wird er zum eleganten Feinspitz. Oft

Gelage

angelt er ein Bröckchen elegant mit der Pfote, setzt sich schön neben das Schälchen und spielt den wohlerzogenen Gourmet. Nie beginnt er zu fressen, ohne sich für die Mahlzeit vorher mit einem Gurren und Beine umschmeichelnd bedankt zu haben. Er ist überhaupt wesentlich introvertierter und braver als Happy, schläft mehr, ist ruhiger, frisst weniger und hat trotzdem immer ein dickes Bäuchlein.

Da sich die spätere soziale Kompetenz und die Kompetenz in der Kommunikation bei Katzen in der Phase zwischen der dritten und der siebenten Lebenswoche entscheiden, dürfen die beiden Rabauken jetzt alles lernen, was sie im späteren Leben brauchen. Liebevolle Kontakte zu Menschen jeden Alters und Geschlechts, vor allem aber zu Kindern stehen ganz oben auf der Liste des Übungsprogramms. Im Zuge der Ausbildung meiner Hunde und Kleinsäuger zu Therapietieren bin ich es gewöhnt, Sozialisations- und Habituationsprozesse gezielt zu steuern. Besonders bedeutsam ist in diesem Zusammenhang auch die Konfrontation mit unterschiedlichen Geräuschquellen, sind Transporte in der Box und spielerische Übungen zur Schulung des Problemlösungsverhaltens.

Joy zerlegt hingebungsvoll ein Holzpuzzle.

Die beiden Babykaterchen dominieren den Tagesablauf im Haushalt. Wo waren die beiden in den letzten drei Stunden? Im Kleiderkasten, in der Schreibtischlade, im Meerschweinchengehege (Heu-Raschelspiel), im Kaninchentransportkorb, auf der Kommode (Holzpuzzle demoliert, in den Spiegel geguckt), auf dem Küchentisch, dem Küchenkasten (Dorsch gestohlen) am Katzenklo, im Vorzimmer (mit Katzenspielzeug gespielt – schau mal an, auch das gibt's), auf der Wohnzimmerbank, im Bett (gerauft), im Hundekorb (geschlafen), auf dem Fensterbrett in der Küche (Vögel beim Futterhäuschen studiert) und auf dem im Arbeitszimmer (Autos beobachtet).

Es ist wunderschön, erleben zu dürfen, wie die Körperform der beiden immer eleganter und geschmeidiger wird, ihre Bewegungen immer sicherer, ihr Lernverhalten differenzierter. Joy tendiert zum Naturwissenschaftler, vor allem die Versuche zur Strömungslehre beim Wasserhahn in der Küche und seine Experimente zur Kinematik (v.a. Rotationsverhalten), ausgeführt mit allem, was rollt, wirken sehr professionell.

Happy, der kleine Geisteswissenschaftler, philosophiert am liebsten im Weidenkörbchen.

Happy ist hingegen der typische Geisteswissenschaftler, er liest gerne, vorzugsweise auf meinem Bauch liegend. Tageszeitungen zählen natürlich nicht zu seiner Lektüre, die werden lediglich als Raschelspaß und Knabbervergnügen angesehen. Seine philosophischen Minuten hat er immer dann, wenn er in und mit seinem kleinen Weidenkörbchen gespielt hat. Dann liegt er oft minutenlang da und träumt vor sich hin ...

Max, der Spitzrüde, hat sogar einen neuen Beruf: Trainer. Besonders mit Joy macht er Fangspiele durch die ganze Wohnung. Wenn es beim Raufen zwischen den Brüdern zu wild wird, stellt er sich über die Rasselbande und mahnt den größeren Raudi mit einem Spezialgriff zur Fairness: Er nimmt einfach den Kopf eines Kontrahenten zart in den Fang und wartet einige Sekunden, danach lässt er wieder los, legt sich neben sie und überwacht die Fortsetzung des Gerangels – die Katerchen finden das übrigens super!

Besonders abends ist es mit der Ruhe im Hause aus und vorbei. Wenn sich alle zu Bett begeben, beginnt die närrische Viertelstunde. Mäusi geht in Deckung – zu spät, mit einem Platsch landet Joy auf ihrem Rücken und zupft begeistert am Körbchenrand. Weidenruten knirschen super! Happy versucht sich einstweilen als Akrobat auf dem Wäscheständer, er ist allerdings nicht unbedingt ein Naturtalent. Sagt man nicht immer, Katzen gehen auf leisen Pfoten? Trampeltiere sind Schleichkünstler dagegen! Nach der zehnten Runde durch die Wohnung wird das große, achteckige Aquarium inspiziert: Oben offen, drinnen

Goldfische – eine geniale Herausforderung für zwei acht Wochen alte Babykatzen! Zuerst auf die Bank, dann mit den Vorderpfoten auf den Rand und reingeguckt, soll man vielleicht mal mit der Pfote …? Das heftige Schütteln des nassen Pfötchens kommt für den Bruder einer Aufforderung gleich, noch etwas „Besseres" zu versuchen: Man könnte ja den Sprudelstein beklettern! Also los – zuerst mit allen Pfoten auf den Aquariumrand, das ist eine geniale Gleichgewichtsübung, wenn das zweite Katerchen dabei assistierend am Schwanz zieht, danach wird Pfote um Pfote vorsichtig auf den Sprudelstein gehoben. Gli-gla-gliiiiitschig! Wenn Goldfische lachen könnten, sie würden sich jetzt den Bauch halten, sie verdrücken sich allerdings sicherheitshalber zwischen Steine und Wasserpflanzen und überlassen das Lachen mir. Auch mit zwei pitschnassen Beinchen macht eine Runde Fangenspielen auf der Bügelwäsche Spaß. (Ich lache jetzt nicht mehr so intensiv – kann man Algenflecken eigentlich leicht auswaschen?) Auf mein etwas grantiges „Lass das!" wird schnell der neue superhohe Kratzbaum beklettert, dreimal rauf, dreimal runter und danach ab ins Meerschweinchengehege!

Wildes Spiel im Heu, danach Kuscheln und Einschlafen – ein wunderbares Leben für Katzenkinder! Die Meerschweinchen dulden den Trubel gelassen.

Es gibt verschiedene Qualitäten des Raschelns. Papierrascheln, Folienrascheln, Grasrascheln – aber das Schönste ist das Rascheln von frischem, trockenem, duftendem Heu. Happy fährt mit beiden Pfoten hinein – suuuuper! Neugierig kommen die Schweinchen aus ihren Häuschen. „Gibt's noch was zu essen?", scheinen sie zu fragen. „Ah, nein, es sind nur die Verrückten!", die drei Meeris ziehen sich wieder zurück. Angst haben sie vor der Rasselbande nicht, es ist noch gar nicht lange her, da waren sie bedeutend größer als die beiden Racker, die die abendliche Kuschel- und Putzstunde beginnen – und zwar auf dem Häuschen von Sunny, einer neugierigen Meeridame. Danach wird endlich geschlafen.

Ähnliche Abende sind mittlerweile sehr viele vergangen, die Rettung der winzigen Katzenbabys ist nun bereits sechs Jahre her.

Kleine Katzenseelen

Ich kann mich noch sehr gut an die Zeit erinnern, in der ich keine Ahnung von den Tiefen der Katzenseele hatte. „Eine Katze bindet dich ans Haus, ein Hund ist ein Kumpel, mit dem du draußen Abenteuer erleben kannst“ und „Ich bin kein Katzentyp, ich mag lieber Hunde“, konnte man immer wieder von mir hören. Das ist jetzt etwa 25 Jahre her. Unsere erste Katze, die schwarze Murli, hat dieses Vorurteil leider noch verstärkt. Sie, die wir als acht Wochen altes Baby gerettet und wochenlang gesund gepflegt hatten, betrachtete uns nur als Dosenöffner. Körperkontakt lehnte sie ab und sie wies uns nicht nur einmal wegen ungebührlichen Benehmens mit ausgefahrenen Krallen in die Schranken. Ganz anders Romeo und Julius, die mich nach Murlis frühem Tod mit aller Zuneigung und Zärtlichkeit, die ein Katzenherz geben kann, eines Besseren belehrten. Schnurrli und Petzi, beide aus dem Tierheim, die scheue Zizi vom Bauernhof und auch der schwierige schwarze Felix waren bzw. sind bis heute Freunde, herzerwärmende Begleiter und manchmal auch große Sorgenkinder. So lag etwa Felix, den meine Mutter im Alter von etwa fünf Monaten schwer verletzt und unterkühlt in einem Schneehaufen am Straßenrand fand, nach ihrem Tod trauernd vierzehn Tage auf ihrem Bett und weigerte sich zu fressen. Es treibt mir heute noch Tränen in die Augen, wenn ich daran denke. Die dreizehnjährige Petzi, einst eine wunderschöne Perserkatze, war im Tierheim vor der vollen Schüssel auf unglaubliche 980 g abgemagert, ihr altes, verwirrtes Frauchen war in ein Pflegeheim eingeliefert worden. Sie durfte bei uns einen zufriedenen Lebensabend verbringen; diesem ruhigen, hochintelligenten und freundlichen Tier habe ich wohl die meisten Einblicke in die Seele einer Katze zu verdanken.

Sie sind ja wirklich ein wenig mystisch, rätselhaft, man muss sich auf sie einlassen. Will man die Katze in ihrer faszinierenden Ganzheit erfassen, braucht man ein offenes Herz, Empathie und Intelligenz. Bösartig formuliert: Wer Katzen nicht mag, ist entweder ein emotionaler Krüppel oder doof – oder es mangelt dem armen Wesen einfach an Gelegenheiten zur Kontaktnahme.

Vorurteile gegenüber Katzen gibt es viele. Ein besonderes Problem ist die Annahme, Katzen seien ungesellige Einzelgänger. Neuere Forschungen und auch meine eigenen Erfahrungen lassen nicht nur erhebliche Zweifel an dieser These aufkommen. Sie sind uns so nah, aber ihre heimliche Lebensweise macht es oft schwierig und zeitraubend, ihre Sozialkontakte in Freiheit zu beobachten. Vielleicht war es der Druck der verschiedenen Infektionskrankheiten, der solitär lebende Wild- oder Falbkatzen, aber auch verwilderte Hauskatzen in ihrer Entwicklung begünstigt hat, bei in sozialen Verbänden lebenden Tieren kann durch einen Leukosefall die ganze Gruppe ausgelöscht werden. Tatsache ist, dass die Katze mit ihrer Intelligenz und Anpassungsfähigkeit viele verschiedene Formen des Zusammenlebens wählen kann. Und Mäuse erbeutet man ja nicht im Team! So kann ein solitärer Jäger mit Vergnügen gesellig leben, nur auf die Pirsch geht er allein (wobei Katzen eher Territorien abstecken als Kater). Die Katze ist das einzige Haustier des Menschen, das sich selbst domestiziert hat. Besser gesagt, sie hat sich freiwillig dem Menschen angeschlossen und sich dabei ihre Unabhängigkeit bewahrt. Der Mensch hat es wunderbarerweise nicht geschafft, mit all seiner züchterischen Raffinesse die verschiedenen Rassekatzen sehr von der Wildform zu entfernen.

Harmonische Kuscheleinheiten

Aber was bedeutet das für unser Zusammenleben?

Erstens bedeutet es **Partnerschaft**, **nicht Unterordnung**. Auf dieser Basis ist es ohne weiteres möglich, Katzen zu erziehen. Meine beiden Katerchen sausen, wenn sie ihre Namen hören und gerade Essenszeit ist, aus dem letzten Winkel der Wohnung zu mir, und Happy singt dabei noch Freudenarien. Auch Verbote sind sie bereit zu akzeptieren, wenn sie nachdrücklich vorgetragen werden, und umso lieber, wenn es ein Alternativprogramm gibt. Happy und Joy kennen jeden meiner vier Hunde genau und wissen, woran sie bei ihnen sind. Vor allem Joy ist der große Kuschler, wenn die Hunde schlafen, sucht er sich den „ungefährlichsten“ aus, an den er sich schmiegen kann. Happy schläft bei mir im Bett, kommt aber erst, wenn ich eingeschlafen bin.

Zweitens bedeutet es **Verständigung.** Die Beziehungen zu meinen Tieren sind sehr vielfältig, tiefgehend, harmonisch und von Toleranz geprägt. Nichts ist daher wichtiger als eine **gut funktionierende Kommunikation** als Mittel des Zu-, Für- und Miteinanders, selten auch einmal des Gegeneinanders. Ich bin meiner Mutter sehr dankbar, dass sie mir als Kind früh die Gelegenheit gab, die Körpersprache vieler Kleinsäuger und der Hunde lesen zu lernen. Mimik, Körperhaltung, Bewegungen und auch Lautäußerungen zu verstehen ist mir zu einem Hobby geworden. Leider bleibt uns Menschen die Chemokommunikation, die Verständigung durch Duftmarken, die bei Katzen und Hunden eine besondere Bedeutung hat, verschlossen. Daher ist es wichtig, die anderen Zeichen richtig zu deuten. Es ist bemerkenswert, wie rasch Happy und Joy gelernt haben, menschliche Lautäußerungen, die Signale der Hunde und das Basisvokabular von Kaninchen und Meeris zu verstehen. Einer glücklichen Beziehung steht auf dieser Ebene also nichts im Wege.

Drittens bedeutet es **Respekt vor der Andersartigkeit** und – das ist wohl besonders schwer – den Willen und die Möglichkeit, dem Tier/den Tieren Lebensraum und -bedingungen zu schaffen, die es ermöglichen, diese genetisch bedingte Andersartigkeit zu leben. Das ist bei unseren Hauskatzen, sofern man in einer Wohnung lebt, fast unmöglich. Es mangelt den „Stubentigern“ in einer üblichen Stadtwohnung ja normalerweise an allem, was ein glückliches Katzenleben ausmacht: Es gibt keine Beutetiere, keine aufregenden Abenteuer, Rivalen, Fressfeinde, keinen Regen, keinen Sonnenschein, nicht die Freiheit zu gehen, wohin man will. Es ist daher viel Kreativität und Einfühlungsvermögen nötig, den naturgegebenen Ansprüchen der hochintelligenten Extremsportler zu genügen.

Spannende Forschung am Teich – ein Vergnügen, das Wohnungskatzen versagt bleibt.

Katzenleben – Kater Happy heute

Happy ist der einzige von meinen Katzen, der die Berufswahl „Co-Therapeut" getroffen hat. Er durfte bereits als Jungspund durchwegs positive Erfahrungen bei der Seniorenbetreuung sammeln und übt diese Tätigkeit nach wie vor gerne aus. Besonders freut er sich, wenn die Kindergartenkinder – im Seniorenheim ist erfreulicherweise Jung und Alt unter einem Dach untergebracht – ins Therapiezimmer zu Besuch kommen. Außerdem ist er ab und zu als Co-Pädagoge in der Handelsakademie tätig und assistiert fallweise bei Seminaren und Vorträgen.

Angehenden TiertrainerInnen beweist er, wie großartig das Lernvermögen von Katzen ist. Er ist aktiv, liebt die Kommunikation mit Menschen und schätzt Körperkontakt sehr. Trotzdem wird Happy lediglich ein bis zwei Mal im Monat um seine professionelle Unterstützung gebeten, um langfristig seine Freude, Neugier und Interesse am intensiven Kontakt mit fremden Menschen zu erhalten. Auf diese Art und Weise hat er schon sehr vielen Personen Anregungen zum Lernen, wertvolle Kompetenzerfahrungen oder schöne, harmonische Glücksmomente beschert.

Der Garten bietet Happy Raum für viele Abenteuer.

Privat führt er als Hauskater mit Freigang bei Tag ein ausgesprochen abwechslungsreiches, auf Katzenbedürfnisse gut abgestimmtes Leben. Die einzige große Einschränkung, die für alle meine vier Katzen gilt, sind die nächtliche Ausgangssperre und zusätzlich der etwa drei Tage im Jahr dauernde Stubenarrest, der verhängt wird, wenn die Amsel- und Gartenrotschwanzkinder ihre ersten Ausflüge machen.

Obwohl Happy immer mit Artgenossen zusammengelebt hat, fehlt es ihm an Sozialkompetenz gegenüber Katzen. Das ist leider eine Folge seiner Vergangenheit als mutterloses Findelkind – er ist auf den Menschen geprägt. Seine Umgangsformen Katzendamen gegenüber sind, vornehm ausgedrückt, mangelhaft, Katern gegenüber rüpelhaft. Trotzdem ist ein harmonisches Zusammenleben im Haushalt gegeben, die Damen ignorieren das auf feine Art, der alte Kater ist, anthropomorph formuliert, ein pazifistischer Philosoph.

Autodomestikation

Die Sonderstellung der Katze im Vergleich zu anderen Haustieren

Warum ist es eigentlich so viel schwerer, eine Katze zu verstehen als einen Hund zu „durchschauen"? Warum ist unsere Beziehung zur Katze so ambivalent – von vielen geliebt, von manchen geradezu mystisch verehrt, andererseits aber gering geschätzt, abgelehnt, gequält und verfolgt?

Auch nach Jahrzehnten des innigen Zusammenlebens mit meinen Katzen gibt es Situationen, in denen ich mir deren Verhalten nicht erklären kann und daher wahrscheinlich falsch reagiere. Wenn Happy etwa die kleine Puppi im Garten angreift, fünf Minuten später aber entspannt und zufrieden neben ihr liegt. Wenn die Hierarchie zwischen den Katzen in der Küche eine andere ist als im Wohnzimmer oder der uralte Felix sonntags in Extase die Tageszeitung zerfetzt – wohlgemerkt nur ein bestimmtes Format.

Katzen sind hochsensibel. Den Schlüssel zu ihrem Inneren erhält nur derjenige, der sich ihnen mit Zuneigung öffnet und sie nicht vermenschlicht. Nur so ist ihre besondere Art der Beziehungsfähigkeit feinsinnig zu erspüren – denn was man nicht versteht, kann man auch nicht richtig einordnen, erziehen oder gar trainieren. Und schon gar nicht so wertschätzen, wie die Tiere es verdienen.

Anatomisch gesehen entspricht die Katze ihren wilden Vorfahren, und zwar wesentlich stärker als es beim Hund und den meisten anderen domestizierten Tieren der Fall ist. Der Grund dafür ist leicht zu verstehen, wenn man sich mit der Geschichte ihrer Haustierwerdung etwas beschäftigt: Vor etwa 1,8 Millionen Jahren lebten bereits die drei Haupttypen der Wildkatze – die Waldwildkatze Europas (Felis silvestris silvestris), die Steppenkatze Asiens (Felis silvestris ornata) und die Falbkatze des afrikanischen und arabischen Raums (Felis silvestris libyca). Genvergleiche belegen eindeutig, dass fünf mütterliche Abstammungslinien der Falbkatze, deren Nachkommen heute noch in Ländern des Nahen Ostens zu finden sind, die Stammform aller unserer Hauskatzen darstellen. Im Falle der Domestikation der Katze war allerdings die Rolle des Menschen keine aktive, wie bei den andern Tierarten, sondern die Katzen suchten von sich aus die Nähe zu den Getreidespeichern, eine besonders anziehende Nahrungsquelle für Nager und damit auch für deren Jäger. Die Nähe zu den Menschen ergab sich als Nebenerscheinung. Leider liegen die Anfänge dieser Geschichte weitgehend im Dunklen. Die ersten gesicherten Hinweise sind 6000 bis 7000 Jahre alt und stammen aus Jericho. In Ägypten wurde aus der Zweckgemeinschaft zwischen Mensch und Mäusejäger bald eine mystische Verehrung; als Tempelwächter, später sogar als Verkörperung der Gottheit Bastet, standen Katzen unter besonderem Schutz, die Tötung eines Tieres hatte die Todesstrafe zur Folge. Der Niedergang dieser positiven Einstellung manifestierte sich mit der Christianisierung, die Katze galt als Symbol des Heidnischen, als Attribut des Teufels. Trotz Aufklärung haben sich manche Vorurteile bis heute gehalten. Durch ihre Unabhängigkeit, ihre Fähigkeit, ohne menschliche Hilfe zu überleben, wurden die Samtpfoten während der Jahrhunderte der Hexenverbrennungen in Europa zwar dramatisch dezimiert, aber nicht ausgerottet.

Die Jagd scheint allerdings nicht jeder Katze im Blut zu liegen.

Selbstversorger ist die Katze bis heute – wenn man sie lässt – nicht nur bei der Beschaffung ihrer Nahrung, sondern auch in der Wahl ihrer Sexualpartner; selektive Katzenzucht durch den Menschen gibt es erst seit etwa 150 Jahren (die erste Katzenausstellung fand am 13.7.1881 in London statt).

Was bedeuten diese Tatsachen für das Verständnis des Katzenwesens? Erstens hat sich die Katze selbst domestiziert, die genetischen Unterschiede zum Wildtier sind geringer als etwa beim Hund und den pflanzenfressenden Nutztieren wie Ziege und Rind oder beim Allesfresser Schwein. Zweitens finden wir eine Vielzahl verschiedener Stadien der Domestikation – je nachdem, ob unsere Katze ein nach menschlichen

Selektionskriterien durchgezüchtetes Exemplar oder ein Kind der Leidenschaft vom Bauernhof ist.

Das Resultat: Katzen verfügen über ein deutlich größeres Hirnvolumen im Vergleich zu anderen Haustieren (Verlust eines Fünftels anstatt eines Drittels der Hirnmasse während des Domestikationsprozesses), sind weitgehend unabhängig („Nachbarn mit Hausanschluss") und weisen Populationen auf verschiedenen Domestikationsstufen auf.

Die Konsequenz für den Katzenfreund/die Katzenfreundin: Die Individualität und Einmaligkeit jeder Katze stellt eine große Herausforderung dar. Es gibt eine breite Palette von Katzentypen – sie reicht von Tieren mit hoher Intelligenz, hohen sozialen Bedürfnissen und großer Lernmotivation bis zu Vertretern mit geringerer Intelligenz und geringem Bedürfnis nach Sozialkontakt. Rassekatzen sind zwar leichter einzuschätzen, Ausnahmen bestätigen jedoch auch hier die Regel.

Das Wesen der Katze

Katze Puppi genießt ihre Freiheit und erforscht den Garten.

Die Zahl der Katzenfreunde wächst ständig, die Hauskatze ist vor Hund und Kaninchen das beliebteste Heimtier. In Österreich schnurren etwa 1,5 Millionen Katzen in den Haushalten, die reine Wohnungshaltung und auch die Mehrkatzenhaushalte sind stark im Steigen. Moderne Genetik und Verhaltensforschung tragen zu einem immer besseren Verständnis unserer vierbeinigen Freunde bei, Katzenbücher überschwemmen den Markt. „Neues von der Katzenpsychologin", „Meine Katze macht was sie will" und ähnliche Themen sind Verkaufsschlager. Dabei ist es so einfach, in ihre Seele zu schauen, dazu brauchen wir zunächst einmal kein Buch, sondern einzig und allein unsere Katze(n)!

Sie besitzt hoch spezialisierte Anlagen, die genutzt werden müssen. Höchstleistungen im Laufen, Springen und Klettern entsprechen einer Physiologie, die auf Beutefang ausgerichtet ist. Der Energiestau, der sich bei einer unausgelasteten Wohnungskatze ergibt, muss daher durch „närrische fünf Minuten", die auch gern mal eine Stunde dauern können, abgebaut werden. Das elastische Skelett und der ausgeprägte Gleichgewichtssinn erlauben so wendige, elegante Bewegungen, dass Balancieren und die Eroberung der dritten Dimension ein Grundbedürfnis darstellen. So hält die Katze Muskulatur und Sinne in Schwung. Katze sein heißt jagen, klettern, springen, Krallen wetzen, Territorium abgrenzen, erbrechen und vieles mehr. Und das besonders gern in der Nacht. Mit anderen Worten: Da Katzen keinen Sinn für materielle Werte besitzen, ist Toleranz gefragt!

Das Gegensätzliche der Katze – ihr Drang nach Unabhängigkeit einerseits, ihre tiefe, enge Beziehungsfähigkeit andererseits, ihre totale Entspannung und kurz darauf exzessive Anspannung, ihre Neugier und Beobachtungsgabe, ihre Feinsinnigkeit – all das ist immer wieder von neuem faszinierend und auch der Grund, warum Spiel und Trainingsarbeit mit diesen wunderbaren Tieren eine Herausforderung der besonderen Art darstellt.

Wer allein menschliche Maßstäbe anlegt, wird Katzenverhalten immer und immer wieder fehlinterpretieren. Mangelhaftes Wissen über ihre

Bedürfnisse kann das Zusammenleben zwischen Katze und Mensch sehr schwer belasten. Unerwünschtes, genetisch bedingtes Verhalten darf nicht mit Verhaltensstörung verwechselt und „abtrainiert" werden.

Bedingungen für ein glückliches Katzenleben

Je zufriedener die Katze neben und mit ihren Menschen leben darf, desto tiefer kann das Band werden, das die Sozialpartner miteinander verbindet. So anpassungsfähig Katzen auch sein mögen, bestimmte elementare und artspezifische Bedürfnisse gilt es gut zu kennen und zu erfüllen.

Elementarbedürfnisse

Die Grundbedürfnisse an Nahrung und Wasser sowie die körperliche Gesundheit werden hier nur kurz erwähnt, in der Literaturliste am Ende des Buches findet sich eine Vielzahl empfehlenswerter Titel, die sich diesem Themenbereich widmen. Man kann nie genug Gescheites über Katzen lesen oder hören!

Jeder verantwortungsvolle Katzenbesitzer schenkt der **Ernährung** seines vierbeinigen Lieblings besonders große Aufmerksamkeit. Die Versorgung mit artgerechter Nahrung in der richtigen Menge und Verteilung hält nicht nur den Körper fit und gesund, auch das Verhalten und die subjektive Zufriedenheit werden positiv beeinflusst. Wie für einen Fleischfresser nicht anders zu erwarten, sollte der Anteil an hochwertigem tierischem Eiweiß besonders hoch sein. Fett wird von den Naschkatzen gut vertragen, pflanzliche Stoffe wie Kohlenhydrate oder Faserstoffe benötigen Katzen in minimalen Mengen von lediglich 1 bis 2 %. Bei Wildkatzen ist die Häufigkeit der Nahrungsaufnahme der geringen Größe ihrer Beutetiere (etwa 10 Mäuse pro Tag sind nötig) angepasst. Mehrere kleine Mahlzeiten pro Tag werden auch von den domestizierten Verwandten bevorzugt!

Mindestens zwei bis drei Mahlzeiten am Tag sollten gegeben werden – wie der Hund auf Vorrat fressen kann die Katze nämlich nicht! Der

Energiebedarf sollte unbedingt an die Bewegungsmöglichkeit (Freigänger/Wohnungskatze) angepasst werden. Hochwertige Fertignahrung entspricht den Erfordernissen optimal, kleine Leckerbissen wie ein Stückchen rohes Hühnerfleisch oder winzige Bällchen aus Rinderfaschiertem motivieren bei Spiel und Training und stärken zusätzlich die Bindung zwischen Katze und Mensch.

Der Wasserhaushalt der Katzen ist den Trockengebieten, aus denen ihre Vorfahren stammen, angepasst. Sie trinken gerne aus Gartenteichen, Blumentöpfen, viele lieben bewegtes Wasser direkt vom tropfenden Hahn. Wasser vermittelt ihnen ein Geschmackserlebnis, gechlortes aus der Leitung wird oft abgelehnt. Wichtig, nicht zuletzt zur Prävention von Nierenerkrankungen und Harnsteinbildung, ist daher die Position der – möglichst großen – Wasserschüssel weit weg vom Futter. So kann sich das Chlorid der „Oase" gut auflösen. Auch Katzenbrunnen, bei denen sich das Wasser bewegt, können das Trinkverhalten und damit die Gesundheit der Katze oftmals deutlich verbessern.

Katzen lieben es, aus Gartenteichen zu trinken.

Wichtig zu wissen ist auch, dass Katzen Harn und Kot an getrennten Stellen absetzen, die Katzentoiletten (Anzahl der Katzen + 1 = Anzahl der Kistchen) sollten daher möglichst weit entfernt voneinander und besonders weit entfernt vom Futterplatz an ungestörten Orten aufgestellt werden.

Zur Krankheitsprophylaxe zählen Impfungen, Parasitenbekämpfung und jährliche Kontrollen des allgemeinen Gesundheitszustandes. Sehr wichtig ist es, seine Katze gut zu beobachten, die Symptome physischer und psychischer Krankheiten überschneiden sich häufig bzw. können nicht eindeutig zugeordnet werden! Stress, Langeweile, Einsamkeit, aber besonders auch die Überforderung eines Stations- oder Therapietiers muss bei der Katze immer auch als krankheitsauslösender Faktor in Betracht gezogen werden.

Alarmsignale:

- Veränderungen des Appetits und Fressverhaltens
- Verhaltensänderungen (Apathie, Müdigkeit, Unruhe, Gereiztheit, Aggression)
- Fehlendes Komfortverhalten (Putzen, Krallenwetzen)
- Struppiges, glanzloses Fell
- Veränderungen des Sozialverhaltens (Rückzug, vermehrte Kontaktsuche)
- Vermehrter Durst
- Harn- und Kotabsatzstörungen
- Intensives Belecken des Fells (Juckreiz, aber auch psychische Erkrankungen)

Artspezifische Bedürfnisse

Zur zweiten Kategorie zählen das Ausleben katzenspezifischer Verhaltensweisen (Jagd, Spiel, Bewegung), das Bedürfnis nach Ruhe und Rückzugsräumen und – besonders wichtig für Wohnungskatzen – das Raumangebot und die Raumstrukturen.

Die naturnah gestaltete Umgebung des Gartenteiches hat für Kater Happy enorme Anziehungskraft.

Die kleinsten Lebensräume von **Freilaufkatzen** erstrecken sich auf etwa 200 m². Ein „katzentauglicher Garten“ ist gut strukturiert, besitzt höher gelegene Ruheplätze, Holzpfosten zum Markieren, Gräserdschungel, Sandhügel, evtl. einen Teich und keine Giftpflanzen. Selbstverständlich werden keine Pestizide verwendet. Damit das Gefahrenpotenzial bei Freigängern möglichst niedrig ist, sollte der Katze beigebracht werden, auf Ruf zu kommen. Happy und seine Gefährten verbringen die Nächte im Haus. Die Kennzeichnung der Katze mittels Mikrochip, Impfschutz, Kastration und eine verkehrsarme Gegend sind absolut notwendige Rahmenbedingungen.

Katzen sind von Natur aus neugierige Tiere und lieben es, Neues zu erforschen, zu beobachten und zu beschnuppern. Katzen mit Freigang können dieses Verhalten in vollem Umfang ausüben, für Wohnungskatzen bedarf es aber zusätzlicher Anstrengung.

Bei der **Wohnungshaltung** ist der Mensch enorm gefordert! Der Lebensraum von Wohnungskatzen muss so groß sein, dass sie sich artgemäß und ihren individuellen Anlagen entsprechend verhalten können. Als absolutes Minimum gilt eine Zweizimmerwohnung ohne (temporäre oder absolute) Tabuzonen. In einer solchen Wohnung ist es noch möglich, sich bei Bedarf zurückzuziehen und sich vom Stress zu erholen. Reich strukturierte Räume – Schlupfwinkel und Verstecke sind für Katzen fundamental –, Artgenossen, vielfältige Beschäftigungs- und **Spiel**möglichkeiten erlauben artgerechte Haltung auch in der Wohnung!

Territorialverhalten – Markieren: Das Markierverhalten gehört zu den wichtigsten Bestandteilen kätzischer Kommunikation. Kratzen, Reiben, Spritzen und die Kotmarkierung sind die vier Elemente dieses Verhaltenskreises. Das Reiben an Gegenständen oder am menschlichen Freund („Köpfchengeben") wird in der Regel gerne gesehen, oft auch gefördert. Dieses Verhalten gibt der Katze Sicherheit und Vertrautheit. Die anderen Kommunikationsmittel bergen, vor allem bei Wohnungskatzen, leider Konfliktpotential. Harnmarkieren wird durch Kastration unterbunden. Die Krallen werden gern beim Dehnen nach einem Schläfchen gewetzt, daher ist eine attraktive Kratzgelegenheit in der Nähe des Ruheplatzes ein einladendes Angebot! Katzen schlafen oder dösen etwa 14 bis 18 Stunden am Tag, störungsfreie, trockene, warme, erhöhte Ruheplätze sind daher besonders wichtig. Stationskatzen in Kliniken oder Altersheimen sind in dieser Hinsicht oft schwer benachteiligt. Trotz ihrer großen Anpassungsfähigkeit kommt es durch ständige Störungen zur Überforderung; Krankheiten können entstehen.

Psychosoziale Bedürfnisse

Die Beziehung zu „ihren" Menschen, deren – hoffentlich – aufmerksame Fürsorge und der Kontakt zu Artgenossen sind Bedürfnisse, die im Leben eines sensiblen, fühlenden Wesens natürlich eine Rolle spielen. Hier bestehen sehr große Unterschiede von Tier zu Tier, die von genetischer Disposition, der Sozialisation und individuellen Faktoren abhängen.

Genetische Disposition: In den Jahren 1995 und 2000 führten Dennis C. Turner und seine Mitarbeiter die ersten ethologischen Studien mit Katzen durch. Sie verglichen das Verhalten von „Hauskatzen" (europäischen Kurzhaarkatzen) mit reinrassigen Perserkatzen und Siamesen. Die Rassekatzen interagierten durchwegs mehr und länger mit den Bezugspersonen und waren auch öfter in deren Nähe. Vor allem die Siamkatzen, die sich zusätzlich besonders häufig der Lautsprache bedienten, suchten von sich aus oft den Kontakt mit „ihren" Menschen. Weiters wurde festgestellt, dass die Rassetiere deutlich ihre Futterpräferenzen zeigten, also wählerischer waren. Das Verhalten der Hauskatzen war weniger leicht voraussagbar, sie agierten individueller.

2 x täglich etwa 15 Minuten sollten Katzenwelpen das Zusammensein mit Menschen trainieren.

Sozialisation: Nach etwa 62 Tagen Tragzeit werden die blinden und tauben Katzenwelpen geboren. Das Geburtsgewicht von etwa 100 g wird in der ersten Lebenswoche verdoppelt. Wenn sich etwa am zehnten Lebenstag die Augen öffnen, sollte bereits mit der Gewöhnung an den Menschen begonnen werden, denn die Fähigkeit, menschliche Gesellschaft zu schätzen, ist ausschließlich erworben. Nach Dr. Eileen Karsh, Temple University Philadelphia, erstreckt sich die Sozialisationsperiode auf den Zeitraum zwischen der zweiten und der siebenten Lebenswoche. Der Erfolg ist abhängig von der Art und der Dauer des Kontakts, der positiven Stimulierung und der genetischen Disposition. Katzen, die ohne jeden Kontakt zu Menschen aufwachsen, verhalten sich später, als erwachsene Tiere, diesen gegenüber indifferent bis ängstlich.

Das regelmäßige Zusammensein mit Menschen, besonders auch mit Kindern, die sie hochheben und/oder streicheln und/oder mit ihnen spielen, sollte 2 × täglich etwa 15 Minuten dauern. Der Kontakt mit Vertretern der eigenen Spezies ist für die Entwicklung der Persönlichkeit ebenfalls besonders bedeutsam! Dieser Prozess läuft parallel, aber unabhängig ab. Viele Katzen, vor allem Wohnungskatzen, schätzen die Gesellschaft von Artgenossen sehr, vor allem, wenn sie gemeinsam mit ihnen aufgewachsen sind. Auch an Hunde, Kleintiere oder andere Mitbewohner sollten Katzen bis zur siebenten Lebenswoche gewöhnt werden. Die Verknüpfung mit angenehmen Empfindungen ist hierbei besonders wichtig. Grundsätzlich pflegen Menschen im Vergleich zu Katzen eher weniger, dafür intensivere Interaktionen (Körperkontakt und Streicheln, evtl. sogar Hochheben erwünscht), Katzen bevorzugen häufigere, aber oberflächlichere Interaktionen.

Die Gewöhnung an Hunde, Kleintiere und andere Mitbewohner sollte bis zur siebenten Lebenswoche des Katzenwelpen stattfinden.

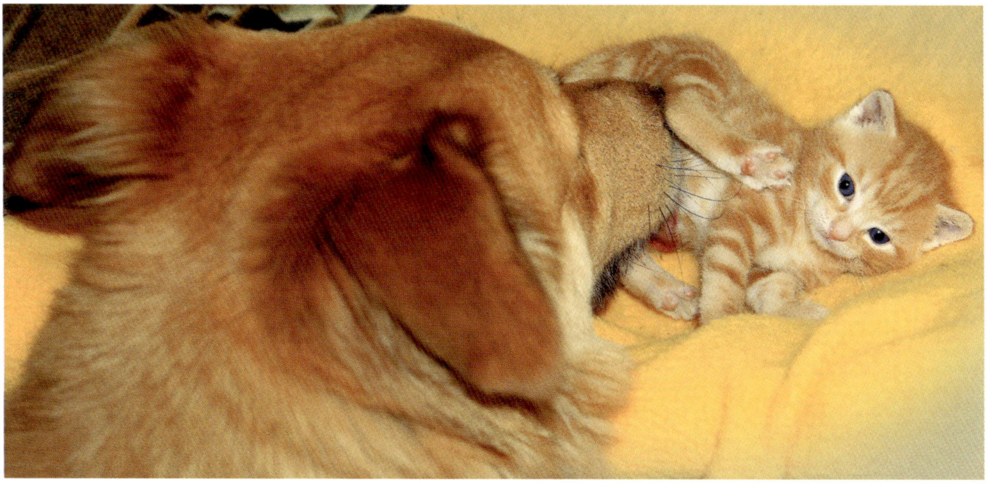

Während der Sozialisationsphase erfolgt auch die **Habituation,** Referenzwerte für den Lebensraum entwickeln sich. Habituation stellt eine abnehmende Bereitschaft dar, auf einen Reiz zu reagieren, der wiederholt dargeboten wird. Es handelt sich aber hierbei nicht um eine Ermüdung der Muskulatur und auch nicht um eine Abstumpfung der Sinnesorgane, sondern tatsächlich um eine Gewöhnung an zentralnervöser Stelle. Katzen, die in einer reich strukturierten, mit vielfältigen optischen, akustischen oder geruchlichen Reizen angereicherten

Umgebung aufwachsen dürfen, haben gegenüber Katzenwelpen, die in reizarmer Umgebung aufwachsen, einen deutlichen Vorteil. Positive Habituations- und Sozialisationsprozesse dienen auch der Prävention von Verhaltensproblemen und der Minimierung des Risikos stressbedingter Erkrankungen.

Die vierbeinigen Freunde, die für therapeutische Arbeit am besten geeignet sind, gehen sehr enge Beziehungen zu Menschen ein; Nähe, Berührungen und Vertrautheit sind essentieller Bestandteil für ihr Wohlbefinden.

Mit den Augen einer Katze

Während Puppis Pupillen bei der Beobachtung eines Schmetterlings schmale Schlitze sind, wandelt das wilde Spiel im Rascheltunnel Puppis Pupille in eine runde Form.

Sich vorzustellen, mit den Augen einer Katze zu sehen, vertieft das Verständnis für unsere Freunde auf eine ganz besondere Weise ....

Der Sehsinn ist der wichtigste Sinn der Katze. Wenn sich etwa zehn Tage nach der Geburt die Augen geöffnet haben, dauert es noch ungefähr zwei Wochen, bis der Katzenwelpe gelernt hat, die Bilder auf seiner Netzhaut zu „deuten". Die großen runden oder schlitzförmi-

gen Pupillen sind beeindruckend. Mit einem einzigen Blick durch den Garten entdecken die Tiere alles Lebendige und „ihre" Menschen auch auf weite Entfernungen anhand der Bewegungsmuster. Anders als wir Menschen bewegen Katzen nicht ihre Augen, sondern gleich den ganzen Kopf, das Auge bleibt unbeweglich. Faszinierend ist auch die Wandlungsfähigkeit der Pupille. Die Irisblende reagiert nicht nur auf die Lichtintensität, sondern gibt auch Auskunft über den Gemütszustand des Tieres: Das rechte Bild auf Seite 32 wurde zwischen zwei wilden Spielsequenzen aufgenommen, die Pupillen sind, aufgrund des Adrenalinausstoßes und bedingt durch die körperliche Aktivität, stark erweitert. Aber auch bei Angst oder Zorn erhält die Pupille eine runde Form, die Stimmung des Tieres ist also nur bei Interpretation der gesamten Körpersprache eindeutig zu erkennen! Signale des Vertrauens sendet eine Katze, wenn sie blinzelt oder hellwach sogar eine Weile genüsslich die Augen schließt. Unbedingt zurückblinzeln!

Hochinteressant ist die Verarbeitung der optischen Reize im Katzengehirn gemeinsam mit den akustischen. Auf diese Weise entstehen in der Großhirnrinde „Hörbilder", die abgespeichert und zur Orientierung jederzeit wieder abgerufen werden können. Es ergibt sich daraus die zwingende Notwendigkeit, therapeutische Settings so zu wählen, dass das räumliche Umfeld so wenig wie möglich variiert. Die Klientinnen sollten also die Katze im Therapieraum besuchen, nicht umgekehrt. Das Tier gewinnt mit jeder Arbeitseinheit an Sicherheit und die Effizienz steigt stetig.

Wie der Hund kann auch die Katze nur bewegte Objekte – und die nur in Braun-, Grau-, Gelb- und Blautönen – erkennen. Die beste Überlebensstrategie für Mäuschen und Co. ist, völlig ruhig zu bleiben. Das ist bei der „Mordsgeduld" dieses Lauerjägers ein schwieriges Unterfangen! Die Tatsache, dass mit Hilfe der „Spiegelplättchen", des Tapetum lucidum, auch geringste Mengen einfallenden Lichtes zum Sinneseindruck führen, macht es für die Nager keineswegs leichter. Uns hingegen erscheinen Katzenaugen, auf die in der Dunkelheit ein Lichtstrahl trifft, nicht todbringend, sondern magisch und faszinierend.

Wie für einen hoch spezialisierten Jäger zu erwarten ist, sind auch die anderen Sinne ausgezeichnet ausgebildet. Das Gehör einer Katze übertrifft die Leistung des Menschen um ein Vielfaches. Daher sind laute Musik, Geschrei oder Lärm produzierende Geräte für die Katze ein Gräuel. Während die Wahrnehmung tiefer Töne für einen hoch spezialisierten Mäusejäger unerheblich ist, entgehen die hoch frequenten Laute der Nager der Katze nicht: Sie reagiert auf Töne im Ultraschallbereich auch aus dem Schlaf heraus im Bruchteil einer Sekunde. Auch die Richtung wird genauestens geortet, aber leider nur in jungen Jahren. Ab dem sechsten Lebensjahr nimmt der Hörsinn einer Katze rasch ab, die Gefahr des Überfahrenwerdens nimmt exponentiell zu. Natürlich kommunizieren Tiere, die so gut hören, auch differenziert akustisch miteinander. Sie verstehen unsere Stimmungen, nicht zuletzt aufgrund unseres Lautbildes, sehr differenziert zu deuten. Die Frage, wie viele Miau-Arten wir Menschen unterscheiden und deuten können, um unsere Katze zu verstehen, bzw. wie sehr wir uns bemühen, es zu tun, sollte sich jeder Katzenfreund hin und wieder stellen.

Interpretation der Körpersprache: Happy in drohender Position – man beachte die Körperhaltung mit peitschendem Schwanz, Ohrenstellung, Schnurrhaare usw. Kater Felix reagiert ängstlich, mit defensiver Aggression. Die beiden Kater sind zu Hause die besten Freunde, doch Konkurrenz im Jagdrevier wird nicht geduldet.

Das **Ausdrucksverhalten** von Katzen kann extrem subtil sein, chemische Signale haben sehr große Bedeutung. Diese olfaktorische Kommunikation ist für uns Menschen unerreichbar, dazu ist unser Geruchssinn viel zu schlecht, für die Katze bedeutet sie, wie beim Telefonieren der Menschen, wichtigen Informationsaustausch ohne direkten Kontakt.

Gelungene **Kommunikation** ist die Grundlage einer guten Beziehung. Sie ist tragendes Element des Zusammenlebens, vielleicht sogar der Seelenfreundschaft über Artgrenzen hinweg. Ein guter Tierhalter/Tiertrainer bemüht sich und lernt, aus dem erkennbaren Ausdrucksverhalten Schlüsse zu ziehen und zu extrapolieren, denn unabdingbare Voraussetzung für die Freundschaft mit Katzen ist das Verständnis ihrer Kommunikationswege. Da uns deren chemische und thermische Kommunikation fremd ist und auch die – im Vergleich zum Menschen völlig andere – akustische Welt (Töne bis 65.000 Hertz werden wahrgenommen), führt vor allem die intensive Beschäftigung mit ihrer Körpersprache zum Ziel. Eine besondere Qualität weist die taktile Sprache auf. Reiben oder Köpfchengeben ist der Unterhaltung mit Freunden vorbehalten.

Ausdruck	Freundlich, entspannt	Aufmerksam, gespannt	Angriffslustig	Abwehrbereit	Ängstlich
Ohren	nach vorn, leicht nach außen	gespitzt, direkt nach vorn	nach hinten gedreht	eingeknickt und herabgezogen	seitwärts
Schnurrhaare	seitwärts gerichtet, wenig gefächert	vorwärts gerichtet, breit gefächert	breit gefächert	etwas zurückgelegt	schmal zurückgelegt
Augen	je nach Helligkeit, blinzelnd	groß und rund	verengte Pupillen	erweiterte Pupillen	erweiterte Pupillen
Schwanz	ruhig, hoch aufgerichtet	Schwanzspitze zuckt	bewegt sich heftig, hakenförmig abgebogen	bewegt sich ruckartig hin und her	peitscht hin und her
Körper	gestreckt mit erhobenem Kopf	gespannt	richtet sich hoch auf, Rücken steigt hinten an	gesenkter Kopf, Katzenbuckel	Katzenbuckel
Haare	glatt anliegend	glatt anliegend	an Rückenlinie und am Schwanz gesträubt	anliegend	am ganzen Körper gesträubt
Lautsprache	schnurren, Begrüßungsmiauen		knurren, fauchen, langgezogenes an- und abschwellendes Heulen	fauchen, spucken	laut kreischendes Schreien
Harn-, Kotmarken Weitere Duftdrüsen: Temporaldrüsen, Supercaudaldrüsen, Pfotenunterseite usw.	Wie es bei fleischfressenden Spezies üblich ist, fügen Katzen ihren Ausscheidungen etwas Drüsenflüssigkeit bei, um ihr Revier zu markieren (Harnmarken = Chemokommunikation). Daneben dienen auch Kratzspuren, Wangenreiben oder das Treteln zur Reviermarkierung.				

Die Tabelle auf Seite 35 gibt einen guten Einblick in die Kommunikationswege der Katze. Je menschenbezogener eine (Nichtrasse-)Katze ist, desto mehr benutzt sie auch akustische Kommunikationswege, um sich „ihrem" Menschen mitzuteilen.

Es empfiehlt sich für Zweibeiner, zur freundlichen Verständigung auch arttypische Signale, etwa beschwichtigendes, selbstwertstärkendes Blinzeln, bewusst einzusetzen.

Vertrauen, verstehen und verstanden werden, sich sicher und geborgen fühlen, das ist die Grundlage jeder Seelenfreundschaft. Seelenfreunde verstehen einander einfach – ohne Worte.

Die therapeutische Wirkung des Katzenschnurrens

Zizis Schnurren bemerke ich nur, wenn ich meine Hand an ihren Hals halte, so zart sind die Vibrationen, während man den Schnurrlaut von Kater Felix noch im nächsten Raum hört. Happys Schnurrlaut, der wie bei allen anderen Katzen durch den Strom der Atemluft in der Vorhof-Falte des Kehlkopfs erzeugt wird, ist immer dann zu vernehmen, wenn er gemütlich auf meinem Schoß Platz nimmt.

Hier drückt Happys Schnurren eindeutig Wohlbehagen aus.

Schnurren wird zur sozialen Kommunikation eingesetzt, aber auch zur (Selbst-) Beschwichtigung in Gefahrensituationen oder bei Krankheit und Schmerz. Der Frequenzbereich bewegt sich zwischen 25 und 60 Hertz, die Lautstärke kann stark variieren.

Bioakustische Forschungen in den USA und Europa erbrachten die wegweisende Erkenntnis, dass der Heilungsprozess von (menschlichem) Knochengewebe durch Schnurren beschleunigt wird. Die Katzenschnurrtherapie, eine niederfrequente biologische Stimulationstherapie, ist bereits ein etablierter alternativer Therapieweg. Moderne Technik ermöglicht inzwischen auch katzenloses Schnurren zur Behandlung von Durchblutungsstörungen, Rücken- und Gelenkschmerzen, Arthrosen und diversen Atemwegerkrankungen. Profisportler verwenden das Gerät zur Vitalisierung von Muskulatur und Kreislauf.

Ich persönlich finde es faszinierend, dass sogar Katzensimulationen therapeutisch wirksam sind, bevorzuge aber die gesundheitsfördernde (= salutogenetische) Wirkung des Originals.

Die Persönlichkeit der Katze

Es ist 14 Uhr. Die Fütterung der „Raubtiere" ist vorbei. Die kleine Puppi kontrolliert zur Sicherheit noch alle leer gefressenen Schüsseln, bevor sie sich auf das – strategisch sehr günstig gelegene – Fensterbrett in der Küche zurückzieht. Der alte Felix geht zur Wasserkanne, zwängt seinen Kopf durch die enge Öffnung und deckt den aufgrund seines Alters erhöhten Flüssigkeitsbedarf mit für Katzen untypisch langsamen Zungenbewegungen. Danach wandert er satt und erfrischt Richtung Hundekörbchen, streckt sich und rollt sich gemütlich zum Nachmittagsschläfchen ein. Die linke Vorderpfote stützt den Kopf, die Augen schließen sich, die Atmung wird flacher, er beginnt leise zu schnarchen. Immer, wenn der Brustkorb sich hebt, ist das Geräusch zu hören. Nur seine Ohren bewegen sich, als Happy, der große rot-weiße Kater, die Küche verlässt und gelassen zur Katzentüre schlendert. Ein Mittagsschläfchen im Hühnerstall ist schließlich auch nicht zu verachten! Zizi, die getigerte Bauernkatze aus dem Waldviertel, die vor ihrem Schlaraffenlanddasein zwei Jahre lang als Selbstversorgerin allen Gefahren des

Streunerlebens ausgesetzt war, zieht dafür heute – verständlicherweise – die breite Fensterbank im Wohnzimmer vor.

Katzen sind einzigartige und unverwechselbare Persönlichkeiten. Die Autodomestikation bringt es mit sich, dass viele erfolgreich selektierte Körper- und Verhaltensanpassungen der Wildform auch beim „Heimtier Nummer eins" erhalten geblieben sind.

Beispiele dafür gibt es unzählige – etwa die Vorliebe für eigenständige Wassersuche, die ungeheure Beweglichkeit, die enorme Neugier und Lernfähigkeit, die Unverbindlichkeit der Sozialkontakte, die mangelnde Akzeptanz hierarchischer Strukturen, die Vorliebe für Höhlen und Spalten und vieles andere mehr.

Puppi in Spiellaune, versteckt im Rattenhaus

Ein Teil dieser Persönlichkeitsmerkmale ist ererbt, ein Teil durch Lernvorgänge erworben.

- **Ererbte Persönlichkeitsmerkmale:** Der natürliche Selektionsdruck beeinflusst nicht nur die Ausprägung von anatomischen und physiologischen, sondern auch von emotionalen Merkmalen, sofern diese Systeme das Überleben erleichtern.
- **Erlerntes Verhalten:** Im Zusammenleben mit dem Muttertier, anderen Artgenossen, dem Menschen usw. in einer mehr oder weniger anregenden Umgebung finden Lernvorgänge statt. Gute körperliche Entwicklung, ausreichende artgerechte Ernährung und feste harmonische Kontakte erleichtern das Lernen.

Wichtige Persönlichkeitsmerkmale der Katze sind zum Beispiel:
- psychische Stabilität/psychische Labilität
- Introversion/Extraversion
- aggressive Durchsetzung von Interessen/geringe Aggressivität
- hohes Aktivitätsniveau/niedriges Niveau

Neben der innigen Bindung zum Tier ist es für Personen, die mit ihren Katzen andere Menschen unterstützen möchten, von großer Bedeutung, eine sichere Beurteilung der Persönlichkeit ihres Lieblings vornehmen zu können, um das Auftreten von Stresssymptomen oder auch das Zeigen unerwünschter Verhaltensweisen (z.B. Spiel mit ausgefahrenen Krallen während einer Therapiesituation) zu verhindern.

Der nachfolgende Fragebogen stellt eine kleine Hilfestellung vor allem für Personen dar, die vor der Entscheidung stehen, mit ihrem Tier pädagogische und/oder therapeutische Arbeit zu leisten.

Beurteilung der Persönlichkeit *Quelle: Bruce Fogle, Naturgemäße Katzenhaltung (stark verändert)*

Wesenszug	Beurteilung meiner Katze
Kontaktfreudigkeit gegenüber Menschen	❑ sucht aktiv die Nähe von Menschen ❑ begrüßt Fremde, die zu Besuch kommen ❑ wird gerne gestreichelt ❑ fordert zum Spielen auf
Aktivitätsniveau	❑ genießt körperliche Aktivität ❑ spielt mit ihren menschlichen Mitbewohnern ❑ hat täglich viel Bewegung ❑ versucht häufig Aufmerksamkeit zu erhalten
Risikofreudigkeit	❑ erkundet bereitwillig eine neue Umgebung ❑ zeigt anderen Tieren gegenüber keine Scheu ❑ ist bei Tierarztbesuchen nicht verkrampft ❑ lässt sich durch neue Erfahrungen nicht einschüchtern
Gesundheit und Ernährung	❑ ist körperlich fit ❑ wurde seit frühester Jugend richtig ernährt und hat eine gesunde Verdauung ❑ reagiert, auch bei heftigeren Berührungen, gelassen ❑ frisst problemlos unterschiedliche Qualitätsfuttersorten

Auswertung:
Jede Antwort wird mit Punkten bewertet, diese sind zu addieren:

1 Punkt = fast nie
2 Punkte = selten
3 Punkte = manchmal
4 Punkte = normalerweise
5 Punkte = fast immer

Interpretation des Ergebnisses:

- 16–32 Punkte:
  Keinesfalls ein Therapietier, möglichst ruhiges, störungsarmes, stressfreies Leben wichtig.
- 33–59 Punkte:
  Berücksichtigen Sie die Rubriken mit besonders hohen Punktezahlen und dann entscheiden Sie sich!
- 60–80 Punkte:
  Ihre Katze ist selbstsicher und extrovertiert, eine Beschäftigung als Besuchs- oder Therapietier kann für alle Seiten bereichernd sein!

Beziehung zwischen Mensch und Katze

„Optimale Mensch-Tier-Beziehungen gedeihen immer in einem ausgewogenen Klima von Wissen und Emotion."

Kurt Kotrschal, 2008

Beobachtet man Kleinkinder in der Natur, etwa ihre Faszination bei der Betrachtung eines Käfers auf einem Stück Rinde, spürt man das zutiefst menschliche, gesunde Bedürfnis, mit Tieren und Natur zu leben. Es erklärt sich sowohl aus einer genetisch bedingten Liebe zum Lebendigen als auch aus unserer gemeinsamen Stammesgeschichte. Je enger der evolutionäre Verwandtschaftsgrad, desto eher ist Verständnis zwischen Mensch und Tier möglich. Anders als bei der Betrachtung des Käfers spürt das Kind bei der Katze diese gemeinsamen Wurzeln intensiver, es sucht intuitiv den Kontakt mit dem Tier. Im Wirbeltiergehirn wurden vor mehr als 400 Millionen Jahren grundlegende soziale Funktionen entwickelt, die durch Parallelevolution der kognitiven und sozialen Funktionen Ähnlichkeiten im Sozialverhalten und den geistigen Fähigkeiten bewirkten. Diese Gehirnanalogien bewirken, dass Menschen mit anderen Säugetieren, seltener auch mit Vögeln, Sozialgemeinschaften bilden können. Katzen sind, wie etwa Hunde oder Raben, in der Lage, einen gewissen passiven Wortschatz zu erlernen und dadurch nicht nur komplexe, sondern auch effiziente Mensch-Tier-Partnerschaften einzugehen.

Zwei, die sich verstehen.

Emotionen

Ich sitze, ein seltener Genuss, gemütlich auf der Terrasse und beobachte die Hühner bei der Futtersuche. Die kleine Gruppe geht langsam, immer wieder scharrend und pickend, über die Wiese Richtung Gartenteich. Dort putzen die beiden Enten ihr Gefieder und schnattern dabei leise. Happy, jagdlustig, schleicht tief geduckt durch die dichte Uferböschung, beobachtend, lauernd. Mit unendlicher Geduld, wie sie nur Katzen eigen ist, fixiert er minutenlang einen Punkt auf einem Seerosenblatt. Jeder Muskel ist angespannt, als er auf den Trittstein in der Mitte des Teiches springt. Minuten vergehen – das Liebesspiel der Libellen ist zu Ende. Die große Aeschna steigt wie ein Hubschrauber auf, dicht gefolgt von einem rot-weißen Superman mit weit vorgestreckter Pfote! Daneben! Und jetzt auch noch die Schwerkraft! Mit einem lauten Platsch verschwindet der Kater zwischen den Seerosen, um kurz danach wie eine Rakete wieder aufzusteigen. Drei unbeholfene Paddelschläge bringen den armen Tropf ans Ufer und danach geht es in Höchstgeschwindigkeit auf einen versteckten, aber sonnenwarmen Platz. Dort versucht das triefende Häufchen Elend ziemlich chancenlos seine Pfoten trockenzulecken, eine Übersprungshandlung. Als Happy mich mit dem ausgebreiteten Handtuch sieht – lautes Lachen habe ich aus Respekt vor dem Tier vermieden, Grinsen kann man hinter dem Tuch prima – ist Empathie angesagt. Entsetzen, Unwohlsein, zerstörter Selbstwert – das alles kann man durch liebe Worte und vorsichtiges Trockenrubbeln zum Verschwinden bringen. Manchmal ist es so leicht, eine verwundete Katzenseele zu heilen! Happys Zärtlichkeiten sind rührend und nicht enden wollend.

Der Wunsch des Tieres nach emotionaler Zuwendung ist neurobiologisch leicht erklärbar: Emotionen entstehen bei allen Wirbeltieren auf Basis derselben physiologischen Vorgänge in denselben Hirngebieten. Es ist ein Grundwert und Eckpfeiler sozialer Kommunikation, diese Emotionen anderer Individuen deuten zu können. Durch genaue Beobachtung, Lernen und empathisches Verstehen ist es auch möglich, die Körpersprache anderer Arten zu lesen. Wechselseitiges Grundverständnis und Kooperationsbereitschaft – vor allem von Seiten der Katzen – verstärkten sich durch den Domestikationsprozess.

Beziehungen über Artgrenzen hinweg sind natürlich nicht selbstverständlich. Ökologisch gesehen sind Tier und Mensch entweder Räuber oder Beute oder beides. Katzen lebten zu Beginn des Domestikationsprozesses allerdings als Kommensalen (Mitbewohner) des Menschen, angezogen von den zahlreichen Mäusen in den Getreidespeichern des alten Ägyptens. Strategien und Fähigkeiten zu entwickeln, Verhalten und Absichten anderer Lebewesen einzuschätzen, ist aber in jedem Fall für alle von Vorteil.

Zusammenfassend können wir also feststellen, dass Ethologie, Evolutions- und Neurobiologie beweisen, dass der Mensch mit allen anderen Wirbeltieren echte soziale Beziehungen aufnehmen kann. Aber wollen wir das, gerade in der heutigen Zeit, auch? Wir erleben in unserer techno-ökonomisch globalisierten Gesellschaft einen enormen Qualitätsverlust zwischenmenschlicher Kontakte. Dadurch werden Tiere einerseits zunehmend als Ersatz für zwischenmenschliche Beziehungen und soziale Fangnetze benutzt; andererseits werden Mensch-Tier-Beziehungen durch Vorurteile, Unwissenheit, mangelndes Interesse oder Bindungsunfähigkeit beeinträchtigt oder gar nicht erst aufgenommen. Für immer mehr Menschen ist die hohe soziale Bedeutung der Mensch-Katze-Beziehung leider nicht nachvollzieh- bzw. erlebbar.

Doch die alte Frau, deren Lebensfreude proportional zum Köpfchengeben und Schnurren ihrer Samtpfote ansteigt, und das kleine Kind, das vor Freude quietscht, wenn sein Kätzchen den Wollfaden erhascht hat, sind Gott sei Dank bei weitem keine Einzelfälle.

Die Seele der Katze

Haben Katzen eine Seele?

Jeder Mensch versteht etwas anderes unter dem Begriff „Seele". Für viele ist es der innerste Kern des Menschen, ein geistiges, lebensspendendes Prinzip. Für gläubige Menschen ist die Seele unsterblich und bestimmt ihre unverwechselbare Individualität.

Wenn wir hingegen auf die Illusion, die Seele wäre eine immaterielle Substanz, verzichten, können wir die Komplexität und die unergründliche Reichhaltigkeit dieser philosophischen Frage auf ein solides naturwissenschaftliches Fundament stellen.

Kognitionswissenschaft, Ethologie, Neurophysiologie, Evolutionsbiologie und viele andere Fachdisziplinen belegen immer eindrucksvoller, was in Bezug auf „Homo sapiens" längst selbstverständlich ist: Die Seele ist ein Teilbereich des Geistes und beinhaltet

- die Gesamtheit aller Gefühle und Gefühlsäußerungen – **Katzen haben vielfältige Emotionen**,
- die Gesamtheit aller bewussten und unbewussten Erfahrungen bzw. Lernvorgänge – **Katzen haben ein komplexes Säugetiergehirn mit assoziativem Gedächtnis**,
- die Gesamtheit des verhaltensbedingten genetischen Erbes – **Katzen sind individuelle Persönlichkeiten**.

Alle Faktoren zusammen ergeben die Einmaligkeit und Unverwechselbarkeit individuellen Lebens.

Natürlich haben Katzen eine Seele. Die seelische Einmaligkeit jedes Individuums spiegelt sich in seinem Verhalten und Erleben wider, beinhaltet die Gesamtheit aller bewussten und unbewussten emotionalen Vorgänge und aller geistigen/intellektuellen Funktionen.

Auch wenn es an dieser Stelle nicht möglich ist, weitergehende Überlegungen vorzunehmen, sollte sich jeder die Zeit nehmen, über die Konsequenzen dieser Tatsache zu reflektieren. Ehrfurcht, Achtung und Respekt gebührt jedem beseelten Lebewesen. Jedes Tier hat seine besondere Aufgabe im Netzwerk des Lebens und hat das Recht auf unseren Schutz. Doch leider ist die Menschheit heute weiter denn je von tiefem Respekt gegenüber der belebten Natur entfernt.

Seelenfreunde

Nur durch einen Tränenschleier erkennt die kleine Sophie, wie Kater Felix auf sie zugeht. Der alte schwarze Kater, der sonst immer verschwunden ist, wenn Kinder zu Besuch kommen, geht geradewegs auf die Vierjährige zu und streicht laut schnurrend mit dem Kopf über Sophies Unterarm, legt sich danach neben sie und leckt die salznassen Stellen von ihrer Hand, ohne das Schnurren zu unterbrechen. Das Kind erwidert die Zuwendung, streichelt die Flanke des Katers, erst zögernd, dann immer zärtlicher und steht schließlich gut gelaunt mit den Worten auf: „Die Mama kommt sicher gleich wieder!" Der Seelentröster hört sie jedoch nur mehr aus der Ferne – lärmenden Kindern geht er lieber aus dem Weg.

Felix, der alte schwarze Kater

Diese Zeit des Zusammengehörens, des „auf einer Wellenlänge Schwingens" fördert das Entstehen einer tiefen Freundschaft zwischen den beiden Lebewesen. Einem Seelenfreund offenbart man sein Innerstes, sein Herz. Man ist auf eine tiefe Weise mit ihm verbunden.

Bei Kindern ist dieser Lernprozess – gute menschliche Vorbilder vorausgesetzt – hauptsächlich intuitiv. Sie lernen ihre Bewegungen im Zusammensein mit ihrem vierbeinigen Freund besser zu kontrollieren, dessen Körpersprache zu lesen, zu verstehen, wo die Streicheleinheiten am angenehmsten sind und wann die Katze ungestört sein möchte.

Jeder von uns wünscht sich, zu jemandem zu gehören, angenommen zu sein. Wer sein Herz in Liebe öffnet, gewinnt tiefe Einsicht in das Wesen des anderen, auch über Artgrenzen hinweg. Dieser innige Akt der Zuwendung ist zugleich ein Spiegel, durch den wir uns selbst besser kennenlernen. Katzen vermögen Schichten in uns aufzudecken, die uns dem Gleichgewicht von Körper, Geist und Seele näher bringen. So kann die Seelenfreundin Katze durch unsere Fähigkeit zu selbstgesteuertem Lernen sogar zur spirituellen Gefährtin werden.

„Man sieht nur mit dem Herzen gut. Das Wesentliche ist für die Augen unsichtbar“, schrieb Antoine de Saint-Exupéry. Liebe, Hingabe, Vertrauen, Kommunikation – das und noch viel mehr bedeutet Seelenfreundschaft. Erst durch die Betrachtung mit den Augen der Liebe wird die Einmaligkeit des Gegenübers sichtbar.

Innige Umarmung

Mit den Katzen Happy und Zizi verbinden mich völlig unterschiedliche Seelenfreundschaften.

Zizi, die gerettete Bauernhofkatze, brauchte ganze drei Jahre, um sich von Vorzimmer und Küche in die Wohn- und Arbeitsräume vorzuwagen. Berührung duldete sie in den ersten Monaten nur unter Aussendung starker Stresssignale, daher wurde es unterlassen. Unsere Kommunikation erfolgte über Körper- und Lautsprache und erfolgte in der Regel im Rahmen der Mahlzeiten. Spielangebote wurden abgelehnt. Langsam lernte sie, mir zu vertrauen. Ihr zu Beginn unseres Zusammenlebens ausgemergelter Körper gewann mit der Zeit unglaubliche Schönheit und Vitalität, ihre Augen wurden immer ausdrucksstärker. Der ganze Körper begann zu sprechen – und erinnerte mich an den Fuchs im „Kleinen Prinzen“ von Antoine de Saint-Exupéry, der bat, ihn zu zähmen, denn Zähmen heißt, sich vertraut machen. Zizi war nicht auf Menschen sozialisiert, hatte in den ersten zwei Jahren als Streunerin keine oder schlechte Erfahrungen mit Menschen gemacht. Und jetzt bat sie mich um „Postsozialisation“. Angst und gleichzeitig der Wunsch nach Berührung lagen in ihrem Blick. Gleichzeitig bat sie um Geduld. Bei jeder gelungenen Beziehung entscheiden beide Partner gemeinsam über Art und Tiefe des Kontakts. Unser emotionales Band wurde täglich qualitätsvoller, gelun-

gene Kommunikation, vor allem über die Augensprache und meine leise Stimme, gab den Ausschlag. Eine Infektion im Bereich der Mundhöhle gestaltete sich schließlich zum Meilenstein. Die Reduktion der Schmerzen wurde mit meiner Person verknüpft. Heute vertraut Zizi mir vollkommen. Sie genießt und erwidert ihre wenigen, aber sehr innigen Streicheleinheiten, die etwa zwei Mal täglich am Küchentisch stattfinden, sehr und blinzelt mich dabei mit ihren wunderschönen grünen Augen an, damit wir beide auf eine ganz besondere Art zur gleichen Zeit spüren: Ich gehöre zu dir, danke, dass es dich gibt.

Zizi, die scheue Seelenfreundin

Das genaue Gegenteil von Zizi ist Schmusekater Happy. Seine offenbar lebenslang dauernde juvenile Phase hält uns auch in seinem sechsten Lebensjahr in einer innigen – vom Kater aus gesehenen – Mutter-Kind-Beziehung, die sich in gemeinsamen Gesprächen, Kuschelstunden, intensiven Spiel- und Trainingszeiten und sogar gemeinsamer Gartenarbeit äußert. Letztere ist beim Eingraben von Blumenzwiebeln oder beim Grassäen besonders effizient – oder nicht. Happy kommt auf Ruf zu mir, egal, wo er sich gerade befindet, auch wenn er nur mitteilen möchte, dass er gerade keine Zeit hat und gleich wieder gehen muss. Drei Mal in sechs Jahren kam er nicht. Das erste Mal durfte ich ihn am nächsten Morgen mit der Feuerwehrleiter von der Spitze einer hohen

Fichte holen – die beiden Nachbarkater hatten ihn in einer gemeinsamen Aktion in die Zange genommen. Beim zweiten Mal hatte er Gott sei Dank nur auf dem Dachboden der Scheune verschlafen. Das dritte Erlebnis hat mir die Tiefe unserer Verbundenheit besonders deutlich vor Augen geführt: Der Ruf zum Abendessen ist für Happy immer Anlass, den Hochgeschwindigkeitsturbobooster einzuschalten und so schnell nach Hause zu laufen, dass er manchmal gar nicht rasch genug bremsen kann und die Küchentür verpasst. An diesem Tag ist alles anders. Kaninchen, Hühner, Hunde, Katzen, alle Tiere sind versorgt, doch Happy ist noch immer nicht zu Hause. Nach Gesprächen mit den drei Nachbarn, deren Gärten zu Happys Revier gehören, mache ich mir große Sorgen – seit Mittag hat ihn niemand gesehen. Er vertraut jedem Menschen, lässt sich von Passanten streicheln und inspiziert leidenschaftlich gern offene Kofferräume! Was könnte da alles passiert sein! Ein starkes Gefühl sagt mir, dass der Kater heimkommen möchte, aber nicht kann, ich höre ihn leise miauen. Natürlich nicht in Wirklichkeit, aber es lässt mir keine Ruhe, und ich läute abends um neun Uhr nochmals bei den Nachbarn an. Happy, wurde mir versichert, wäre keinesfalls hier! Beim Weggehen bitte ich, irgendetwas drängt mich dazu, noch in den Keller sehen zu dürfen. Beim Hinuntersteigen der Treppe höre ich bereits ein verzweifeltes, sehr leises Miauen. Zunächst ist aber kein Happy zu sehen. Erst auf den zweiten Blick, dritte Stellage, zweite Etage, zwischen Marillen- und Brombeermarmelade sehe ich ihn – klein, kleiner, am kleinsten –, wieder einmal hatten ihn die Nachbarkater gejagt. Die Flucht in den Keller schien der einzige Ausweg zu sein. Mit einem unverletzten, aber vor Stress bewegungsunfähigen Kater in der rechten, einer Flasche Rotwein in der linken Hand und den besten Wünschen von Familie Moser begeben wir uns nach Hause. In sicherer Umgebung verdoppelt sich natürlich der Appetit, die Starre löst sich und die Lebensfreude kehrt wieder. An diesem Abend

Gerettet!

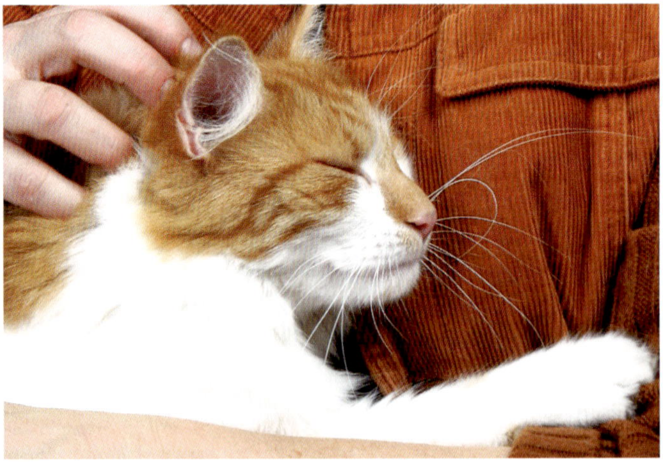

und auch noch am nächsten Tag schnurrt Happy unentwegt und bedankt sich auf seine eigene, rührende Weise.

Zuneigung, Freundschaft, Liebe schmieden ein Band zwischen den Lebewesen. Diese starke, intensive Beziehung sprengt manchmal den Rahmen des Gewohnten; Erklärungsversuche müssen aber nicht auf Übernatürliches zurückgeführt werden. Die Seelenverwandtschaft zwischen einer meiner Katzen und mir brachte es etwa mit sich, dass ich die Stunde ihres Todes, viele Kilometer von ihr entfernt, spürte. Ein kurzer Anruf zu Hause brachte dann die traurige Gewissheit.

Sich öffnen – über Artgrenzen hinweg

Nach der sogenannten *Biophilie-Hypothese* von Stephen R. Kellert und Edward O. Wilson hat der Mensch von Natur aus eine große Affinität zu allem Lebendigen. Das menschliche Gehirn sei evolutiv so programmiert, dass Pflanzen, Tiere oder auch ganze Naturlandschaften große Bedeutung für Gesundheit und Wohlbefinden, aber auch für kognitive Leistungen haben. Daher ist es auch sehr gut vorstellbar, dass von menschlicher Seite nicht nur der Nutzaspekt des Mäusejägers, also die *Kommensalismus-Domestikationstheorie*, sondern auch der Wunsch, andere Lebewesen in die eigene Gefühlswelt einzubeziehen, eine Rolle gespielt haben könnte. Nicht nur utilitaristische Beweggründe, wie die Nützlichkeit der geschickten Mäusefängerin, haben den Menschen bewegt, der Natur des sozialen Menschen entspricht auch die liebevolle Zufütterung der Katzen in den Getreidespeichern, Adoption mutterloser Katzenwelpen, um sie zu zähmen und zu pflegen, ohne eine „Gegenleistung" zu erwarten. Das Kindchenschema kleiner Babykatzen löst nicht nur in der heutigen Zeit Fürsorgeverhalten aus!

Tiere, vor allem Katzen, helfen, in sich selbst hineinzuhören, sie geben die Erfahrung, angenommen zu sein, ohne etwas dafür leisten zu müssen, und das Gefühl, liebenswert zu sein. So kann die Seele gesund werden, selbst die von Menschen, die nicht glauben wollen, dass Katzen eine Seele haben; dennoch sind die Tiere Freunde für die eigene.

Es ist leichter, über Tiere Gefühle auszudrücken, sich zu öffnen, sich Zeit zu nehmen. Dieses Offenwerden über das Tier hilft auch im Kontakt mit anderen Menschen. Zeit für Sensibilität, für Einfühlungsvermögen und Mitgefühl hilft, an der Qualität von Beziehungen zu arbeiten.

Bei Betrachtung eines solch kleinen, hilflosen Katzenwelpen werden sofort Beschützerinstinkte wach.

Auch hier geht der Lernprozess über das Tier deutlich einfacher als über Artgenossen. Jeder gute Gedanke, jeder Handgriff, der die Lebensqualität des Stubentigers erhöht, verschafft sofort ein Stückchen Freude und Zufriedenheit. Beziehung lernt man eben nur durch Beziehung. Wie schnell bemerkt man beim Zusammenleben mit seiner Katze etwa, dass Stress ein Beziehungskiller ist, das Tier zieht sich zurück, hält uns den Spiegel vor! (Transponieren wir doch diese Erkenntnis auch auf die Ebene der Menschen, die wir lieben!)

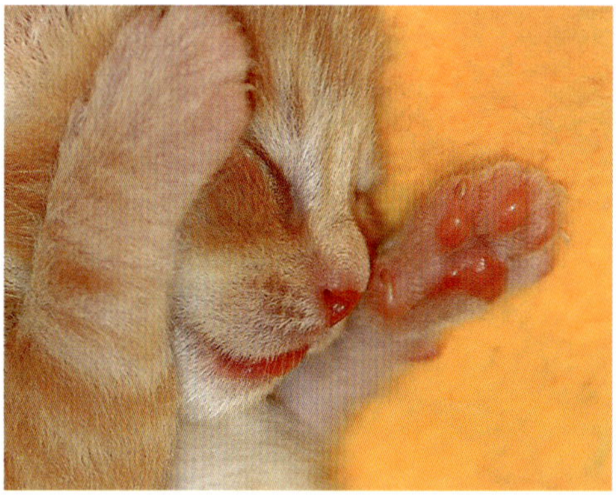

Wenn wir uns Zeit nehmen, die komplexe Persönlichkeit der Katze kennenzulernen, sie beobachten, klare, freundliche Signale senden, kommunizieren, ihr Schnurren, die Streicheleinheiten genießen, vertieft sich die bloße Kontaktaufnahme zur Beziehung; Seelenfreundschaften können entstehen.

Ausschließlich dann, wenn diese durch Wertschätzung und Respekt getragene Bindung aufgebaut ist, kommen die salutogenetischen und therapeutischen Effekte der Gesellschaft von Katzen in ihrer Gänze zur Entfaltung. Es wäre fatal zu glauben, eine „Katze auf Rezept" für die einsame Großmutter, den Manager mit Hypertonie, das verhaltensauffällige Kind könnte auch nur ein Problem lösen! Denn ausschließlich jene Menschen, die sich öffnen, die eine tiefe Beziehung zu ihren Tieren aufbauen, ziehen großen gesundheitlichen Nutzen aus dieser Partnerschaft.

Beziehungs„arbeit" leisten kann wunderschön sein. Bei jedem Training mit einem meiner Hunde, sei es privat oder auf dem Ausbildungsplatz, bei der Vorbereitung auf die Therapiehundeprüfung oder beim Agilitysport, bin ich jedem meiner Tiere näher gekommen, die Beziehung wurde tiefer. Aber auch bei großen Spaziergängen genießen wir die Gemeinsamkeit, das Erlebnis des Zusammengehörens sehr. Bei den Katzen ist es etwas anders. Zum Ausgehen wünschen sie keine Gesellschaft. Wenn ich allerdings die Gartenarbeit unterbreche, weil es einen riesengroßen Grashalm auszureißen gilt, der sich als Spielzeug blendend eignet, vergessen Happy und ich die Zeit um uns. Gemeinsames Spiel, gemeinsames Training, gemeinsames Kuscheln und gemeinsames Essen verbindet!

Die innigste Verbindung zu meinen Katzen und Hunden – eine heilende Beziehung – durfte ich während einer langen, schweren Krankheit erleben. Die Katzen waren, jede auf ihre eigene Art, Seelentröster, psychologische Berater, linderten meinen Schmerz und nahmen mir die Angst, die jeden Herzpatienten begleitet. Einige Wochen später leisteten dann die Hunde ihren Teil als Physiotherapeuten, Animateure und „Personal Trainer". Ihre Präsenz, ihr Da-Sein, war damals ein wunderbares Geschenk. Natürlich berücksichtige ich auch heute, als gesundete „Workaholik", die wichtigsten Rezepte, die mir Happy, Maxl und Co. seinerzeit ausgestellt haben: „Zeit hat man nicht, Zeit nimmt man sich" und „Hör auf dein Herz".

Eine heilende Beziehung

Seelenfreunde für jeden Tag – das besondere Glück, mit Katzen zu leben

Katzen sind Lebenselixiere, sie verstehen Stimmungen, Wünsche, schützen vor Burn-out und sind oftmals ein Spiegel, durch den man sich selbst erkennen kann. Eine Studie des psychologischen Instituts der Universität Bonn nennt folgende wesentliche Bedürfnisse, die durch Katzen und Hunde befriedigt werden können:

- Geselligkeit, Partnerschaft, Freundschaft
- Lebensfreude und Lebenszufriedenheit, Fröhlichkeit
- soziale Anregung, Vermeidung von Langeweile und Einsamkeit
- Abwechslung, Ablenkung von Alltagsärgernissen und Krankheit
- Sympathie, Zuneigung und Zärtlichkeit
- Behaglichkeit, Atmosphäre
- Übernahme von Verpflichtung und Verantwortung – aktiver Lebensstil
- Ruhe, Beruhigung
- Schönheit, Attraktivität, Eleganz
- Anerkennung, Prestige
- Schutz und Geborgenheit
- Ordnung des Tagesablaufs
- Gewinnung sozialer Kontakte

Gerade in der Großstadt leben heute viele Menschen in emotional belasteten Familiensituationen mit fehlender Gemeinschaft und Geborgenheit, ungenügendem Verständnis für ihre Bedürfnisse, geringer Zuneigung und mangelnder sozialer Unterstützung. Katzen kommt hier als Co-Therapeuten und Miterziehern eine unschätzbare Bedeutung zu. Gefahren wie Reizüberflutung, Orientierungslosigkeit, Konflikte, entwicklungsbedingte Resignation oder gar Depression werden durch die präventive Wirkung von Freund Tier gemildert. Viele meiner Schüler/innen, die gegenwärtig kein Heimtier besitzen, hätten sehr gerne eines, Widerstände der Eltern sind meistens die Ursachen dafür, dass solche Wünsche bisher (noch) nicht in Erfüllung gegangen sind. Wenn diese jungen Menschen ohne Erlebnisse mit Tieren aufwachsen, sind sie, was ihre Lebensqualität und ihren Reichtum an Erfahrungen im Umgang mit Lebewesen anbelangt, wesentlich benachteiligt.

Emma liest Kater Joy laut eine Geschichte vor. Titel: „Ein Tag mit dir ist immer schön“.

Viele Kinder und Jugendliche sehnen sich nach einem Heimtier.

Die folgende Geschichte soll verdeutlichen, wie Erwachsene, die in ihrer Kindheit nicht gelernt haben, sich Tieren gegenüber zu öffnen und Empathie zu empfinden, reagieren können – hoffentlich nicht als „Vorbild" ihrer Kinder:

Es ist ein wunderschöner Spaziergang. Den ganzen Tag hat es geregnet, richtiges Arbeitswetter. Gegen Abend hat der Himmel keinen Tropfen Wasser mehr übrig und die Hunde und ich können die ultimative Ballspiel-, Lauf- und Lackenplatschrunde beginnen. Die Luft ist herrlich sauber und es wird langsam etwas wärmer. Nach einer Stunde abwechslungsreicher Wegstrecke zwischen Feldern und Wiesen kehren wir zurück. Noch vier oder fünf Häuser, dann sind wir wieder zu Hause. Plötzlich ist eine erschreckend laute, schneidende, fast hysterisch anmutende Stimme einer Frau zu hören: „Trau di jo ned eine!" (Übersetzt: Trau dich ja nicht hinein!) Das Gebrüll gilt offensichtlich dem mit einem hervorragenden Gehör und hoher Sensibilität ausgestatteten pitschnassen roten Kater, der vor der Haustüre sitzt, als sie geöffnet wird. Es ist das „Haustier" der Familie – ohne Familienanschluss, ohne sozialen Kontakt. Katzen„haltung" solcher und ähnlicher Art ist leider nicht selten. Beziehung auf Abruf, bei Schönwetter oder am Wochenende, wenn man Zeit hat. Gefühl ausgeschlossen. Ist ja nur ein Tier.

Schlecht – zumindest auf Tiere – sozialisierte Menschen gibt es leider viele. So bleibt „ein Teil ihrer Seele unerweckt." Umso wichtiger ist es daher, bereits im Kleinkindalter vielfältige positive Tierkontakte zu ermöglichen. Freundschaften mit Heimtieren, am besten mit Katzen oder Hunden, gehören dabei zu den schönsten Erfahrungen, die man in der Kindheit machen kann. Im Alltag wesentlicher Bestandteil des Lebens zu sein, hat bei Kindern prägenden Einfluss, da Leben und lebensechte Prozesse für die mentale Entwicklung von großer Bedeutung sind. Lustiges, kreatives Spiel gehört genauso wie Kuscheln oder das „Herzausschütten" zu den täglichen aktiven und entspannenden Erlebnissen mit dem tierischen Begleiter. Toleranz, liebevolles miteinander Umgehen, Probleme gemeinsam lösen, Beachtung des Territoriums anderer, Ausgleichen konfliktträchtiger Situationen, Gewinnung von Sympathie sind soziale Verhaltensweisen, die im täglichen Umgang mit Katzen besonders gut gelernt werden können. Untersuchungen von Prof. Dr. Reinhold Bergler vom psychologischen Institut der Universität Bonn belegen diesen Einfluss im Bereich des Sozialverhaltens, der kommunikativen Kompetenz und der Entwicklung von Verantwortlichkeit eindrucksvoll.

Leben mit einer Katze bedeutet für den motorischen Bereich Förderung von Koordinationsfähigkeit, Geschicklichkeit, Kraft und Kondition!

Erwachsene Personen schätzen dagegen die „entschleunigende" Wirkung der Katzen, besonders nach dem anstrengenden Arbeitsalltag. Sie sorgen für Beständigkeit, während die Welt, die uns umgibt, zunehmend komplexer wird und immer mehr Anforderungen stellt. Nicht hoch genug zu schätzen ist auch der Wert des geliebten Heimtiers bei alten, einsamen Menschen. Es gibt dem Tag Struktur, dem Leben Sinn und vielleicht sogar mehr Jahre.

Tiergestützte Interventionen

Arten und Wirkungsweise

Die verschiedenen Arten tiergestützter Interventionen

Da sich im angloamerikanischen Raum deutlich früher als in Deutschland oder Österreich Wissenschaft und Praxis mit tiergestützter Arbeit beschäftigten, wurden in diesen Ländern auch schon viel früher Bezeichnungen, Richtlinien und Standards eingeführt. 1977 schlossen sich in den USA erstmals interessierte Organisationen, zum Beispiel Forschungseinrichtungen und Vereine, Psychologen, Tiertrainer usw. zu dem Verband „Delta Society" zusammen. International anerkannt sind heute folgende Begriffe:

- AAT (= Animal-Assisted-Therapy), die tiergestützte Therapie,
- und AAA (= Animal-Assisted-Activities), die tiergestützten Aktivitäten.

Benni mit Mao und Lini

Tiergestützte Therapie muss nach den Regeln der Delta Society drei Kriterien erfüllen:

1. Die AAT ist ein integraler Bestandteil der Arbeit einer professionellen Fachkraft, eines Mediziners, Krankenpflegers, Therapeuten, Sozialarbeiters, Behindertenbetreuers, Pädagogen usw. Das Tier wird in die Ausübung der beruflichen Tätigkeit mit einbezogen. Wenn die Therapie von einem Mensch-Tier-Team vorgenommen wird, bei dem der Führer des Therapietiers Laie ist, muss sie von einem Fachmann angeleitet werden. Die Tiere fungieren als Co-Therapeuten.
2. Die Ziele der AAT werden im Vorfeld genau definiert, ein Therapieplan wird erstellt.
3. Die Aktivitäten und Fortschritte werden dokumentiert.

Als AAA werden Zusammenkünfte mit Tieren bezeichnet, die nicht auf bestimmte Personen oder Personengruppen festgelegt sind und auch in der

Regel nicht dokumentiert werden. Trifft auch nur eines der oben genannten Kriterien auf die Intervention nicht zu, spricht man von AAA. In diese Kategorie fallen etwa die beliebten Besuche ehrenamtlich tätiger Personen und ihrer vierbeinigen Freunde in Seniorenheimen.

Im deutschsprachigen Raum gibt es leider (noch) keine verbindliche Nomenklatur. Unter dem Dach des sehr allgemein gehaltenen Begriffes „Tiergestützte Intervention" (vom lateinischen Wort intervenire; wörtlich übersetzt „dazwischenkommen", im Sinne von „sich einschalten", „ins Geschehen eingreifen") tummelt sich eine Vielfalt begrifflich nicht völlig klar definierter Angebote. Die am häufigsten verwendeten Termini sind TGA (= tiergestützte Aktivität), TGF (= tiergestützte Fördermaßnahmen), TGP (= tiergestützte Pädagogik) und TGT (= tiergestützte Therapie).

Erklärtes **Ziel tiergestützter Aktivitäten** (TGA) ist die Steigerung menschlichen Wohlbefindens in den verschiedensten Settings. In Kindergärten, Rehabilitationszentren, Seniorenheimen etc. unterstützen engagierte Personen, die ihre Grundqualifikation durch eine Einschulung erhalten haben, mit ihren Tieren erzieherische, rehabilitative, soziale und emotionale Prozesse.

Da **tiergestützte Fördermaßnahmen** (TGF) fast ausschließlich als Mittel der Gestaltung von Erziehungssituationen im pädagogischen oder sonderpädagogischen Bereich definiert werden, erscheint dieser Begriff auf den ersten Blick entbehrlich. Aber es ist zu bedenken, dass auch erwachsene Menschen mit Beeinträchtigung oder alte Menschen durch spezifische Unterstützung, etwa im Bereich der Feinmotorik, mit tierischer Hilfe sehr sinnvoll betreut werden können. Da das Ziel tiergestützter Förderung, die Unterstützung von Lern-, Trainings- und Entwicklungsprozessen, nicht immer klar TGP oder TGT zuzuordnen ist, sollte man auch hinterfragen, wer diese Fördermaßnahmen durchführt. Es sind Experten in ihren Berufsfeldern, also Sonderpädagogen, Logopäden, Physiotherapeuten und viele andere mehr. Diese Personen haben – so sollte es zumindest sein – eine Zusatzqualifikation für tiergestützte Arbeit erworben, ihre Tiere sind ausgebildet und für die Arbeit gut geeignet. Auch wenn andere engagierte Personen ohne einschlägige Ausbildung – aber mit Erfahrung, Geduld und Einfühlungsvermögen – diese Interventionen mit ihren Tieren in interdisziplinärer Arbeit und gemäß vorliegender Förderpläne anbieten, kann diese Tätigkeit nicht TGP oder TGT zugeordnet werden. Insofern ist diese

Abgrenzung, die es nur im deutschen Sprachraum gibt, sinnvoll, aber nicht allgemein anerkannt.

Sucht man brauchbare Definitionen für den Begriff **tiergestützte Pädagogik** (TGP) in der Literatur, dann – man staunt und kann es nicht glauben – findet man keine! Dabei wäre es dringend notwendig, TGP zu einem integralen Bestandteil schulischen Erlebens zu machen! Daher wird im folgenden Absatz meine persönliche Definition wiedergegeben:

Tiergestützte Pädagogik in der Volksschule

Tiergestützte Pädagogik ist eine Form individuums- bzw. gruppenorientierten sozialen Handelns zur Gestaltung von Lernerfahrungen, die die besonderen positiven Wirkungen von Tieren zur Erreichung ganzheitlicher Erziehungs- und Bildungskonzepte nutzt. Vermittlung von Schlüsselqualifikationen wie soziale, kommunikative und emotionale Kompetenz, Umweltbildung und nachhaltiges Handeln in einem motivierenden, erlebnisorientierten Kontext stehen im Mittelpunkt individueller ressourcenorientierter Lernfortschritte. Pädagogische bzw. sonderpädagogische Fachkräfte mit Zusatzausbildung gestalten gemeinsam mit besonders geeigneten und trainierten Tieren als „Co-Pädagogen" Umgebung und Prozesse.

Die **tiergestützte Therapie** (TGT) wird leider oft als alternative Heilmethode, als medizinisches Verfahren missverstanden. Wesentliches Ziel der TGT ist hingegen eine Förderung auf körperlicher, emotionaler, geistiger und sozialer Ebene. Diese ganzheitliche Verbesserung der Lebenskompetenzen wird nach sorgfältiger Problemanalyse und Erstellung eines Therapieplans von Fachkräften mit ihren speziell geschulten Tieren durchgeführt. Die Kriterien der Delta Society für AAT in Bezug auf Protokollierung der Teilschritte und Dokumentation des Erfolgs gelten auch für TGT.

Die Definition des Vereins „Tiere als Therapie", erstellt von Dr. Gerald Gatterer, beinhaltet auch die Methoden, die hierbei angewendet werden: Unter tiergestützter Therapie versteht man alle Maßnahmen, bei denen durch den gezielten Einsatz eines Tieres positive Auswirkungen auf das Verhalten und Erleben von Menschen erzielt werden sollen. Das gilt für körperliche wie für seelische Erkrankungen. Das Therapiepaar Mensch/Tier fungiert hierbei als Einheit. Als therapeutische Elemente werden dabei emotionale Nähe, Wärme und unbedingte Anerkennung durch das Tier angesehen. Zusätzlich werden auch verschiedene Techniken aus den Bereichen der Kommunikation und Interaktion, der basalen Stimulation und der Lernpsychologie eingesetzt.

Wirkungsweise tiergestützter Interventionen mit Katzen

Die Wirkungen tiergestützter Arbeit sind so komplex und individuell wie die Gefühls- und Erlebniswelt jedes einzelnen Menschen. Die Erklärungen dafür, je nach Hintergrund der Wissenschaftler mit eher psychologischem, medizinischem oder pädagogischem Forschungsansatz, sind ebenso vielfältig. Aber wie sollte es bei einer ganzheitlichen, ressourcenorientierten Arbeit anders sein! Damit sich jeder selbst, gleich einem ganz persönlichen Puzzle, ein Bild machen kann, werden Ergebnisse einiger interessanter Studien vorgestellt, und im letzten Teil des Buches sind Tatsachenberichte aus verschiedensten Lebensbereichen dokumentiert.

In einer Radiosendung, in der eine Psychologin über Lebensglück und Strategien zur Erreichung desselben sprach, nannte die kluge Dame fünf Bedürfnisse des Menschen, die es zu befriedigen gilt, um ein erfülltes und harmonisches Leben führen zu können:

- das **Bedürfnis nach Beziehung**, nach Verbindung mit einem anderen Lebewesen, der Wunsch, zu jemandem zu gehören
- das **Bedürfnis nach Anerkennung**, der Wunsch, als Person respektiert zu werden
- das **Bedürfnis nach Individualität**, nach freier Gestaltung des eigenen Lebens
- das **Bedürfnis, Hilfe zu geben**, Gutes zu tun
- das **Bedürfnis, etwas zu leisten**, sinnvolle Aufgaben zu übernehmen

Kinder sehnen sich nach einem treuen Freund, der ihre Zuwendung dankbar annimmt.

Heimtierhaltung und ganz besonders Katzenhaltung erfüllt in faszinierender Weise alle diese Grundbedürfnisse des Menschen. Vor allem in der Kinderzeit, in der man eher betreut wird, als selbst pflegen zu dürfen und sich gerne auch einmal bei einem Freund, der nicht zurückredet, ausweinen möchte, und im Alter, wo Einsamkeit und das Fehlen von Aufgaben manchmal das Leben sehr erschweren, ist die geliebte Katze ein Garant für positive(re)s Denken. Auch wenn Wirkungen in Bezug auf Lebensfreude und Lebensqualität schwer mess- und evaluierbar sind, stellt das Zusammenleben mit der Katze als Sozialpartner die wichtigste und schönste Art dar, die positiven Wirkungen der Interaktion mit ihr zu nutzen.

Bei geplanten professionellen oder semiprofessionellen Interventionen wird zunächst ein Therapie- oder pädagogisches Ziel formuliert. Wenn sich bei der Begegnung mit der Katze ein Gefühl des Wohlbefindens, des Vertrauens und der Sicherheit einstellt, können Kompetenzerfahrungen wachsen bzw. therapeutische Erfolge erzielt werden. Die nebenstehende Tabelle gibt Einblick in die verschiedenen Bereiche.

Die Frage, über welche physiologischen Mechanismen der heilsame Katze-Mensch-Kontakt wirkt, ist erst ansatzweise erforscht.

Eine hochinteressante Studie, durchgeführt von Dr. June McNicholas an der Universität Warwick (Großbritannien), hat die prophylaktische Wirkung der Tierhaltung bei 138 Kindern untersucht. Dabei wurde im Speichel der Immunoglobulin-A-Gehalt, ein wichtiger Wert zur Bestimmung der Stärke der Abwehrkräfte, bestimmt. Die Werte der Katzen- und Hundebesitzer waren eindeutig besser als die der Kontrollgruppe der Nicht-Tierbesitzer. Es wurde auch untersucht, wie oft Kinder wegen Krankheit der Schule fernbleiben und das Ergebnis bestätigte

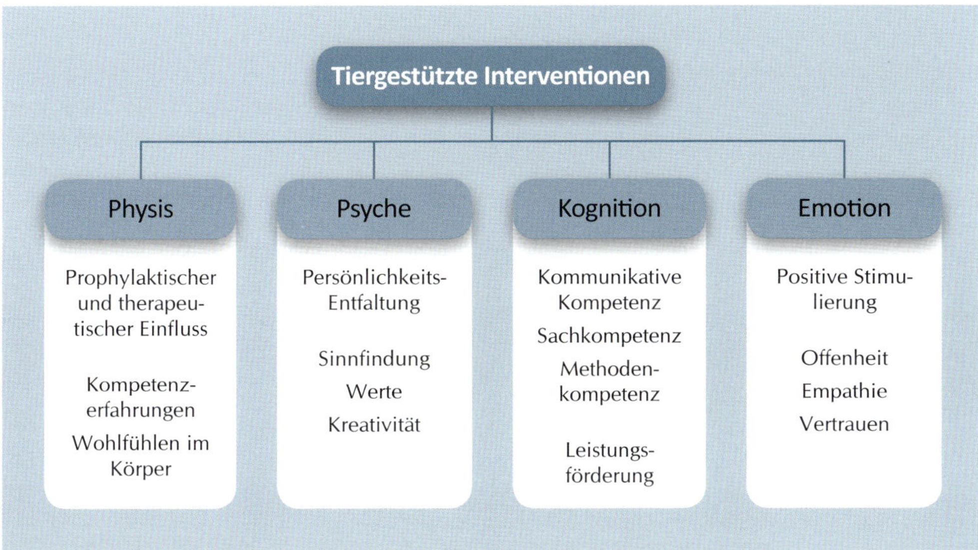

Der Einfluss tiergestützter Interventionen

klar, dass Tierhaltung in der Familie mit häufigerem Unterrichtsbesuch verbunden war, und zwar in allen Altersstufen, besonders aber in der Volksschule. (Die Kinder waren jährlich 18 Tage mehr in der Schule!) Die Psychologin McNicholas betont, dass hier positive Wirkungen der Tiere, wie ihre Fähigkeit zuzuhören, Gefühlsschwankungen zu erkennen, Sicherheit und Anerkennung zu spenden, hinzukämen, von der Studie aber nicht erfasst werden konnten.

Wenn man sich mit dieser und ähnlichen Studien beschäftigt, drängt sich natürlich auch die Frage auf, wie sich die therapeutische Wirkung erklären lässt. Erste fundierte Überlegungen, die Michael J. McCulloch 1981 veröffentlichte, ergaben, dass durch Spielen und Lachen mit den Tieren das interne Opiatsystem, der neuro-endokrine Regelmechanismus, angeregt würde. Auf diese Art wären sowohl die physische Schmerzlinderung als auch die gute Laune, die bei anregendem Spiel entsteht, erklärbar. Gerade Patienten mit chronischen Schmerzen profitieren von der Entspannungsreaktion beim Berühren und Streicheln. Dieser Kontakt bewirkt nach

Dr. Cheryl Burgess vom Schmerzzentrum der Universität Washington eine Blockade der Übertragung der Schmerzreize aus der Peripherie ins zentrale Nervensystem durch Ausschaltung der Schmerzverlaufszentren. Die Ablenkung und das Wissen, dass das geliebte Tier hier ist und mitfühlt, ist natürlich ein besonderer Trost.

Der Kontakt mit dem geliebten Tier zaubert ein Strahlen in das Gesicht der Patientin.

Der leider 2007 verstorbene Professor Johannes Odendaal untersuchte mit seinem Team an der Universität Pretoria (Südafrika) die physiologischen Grundlagen für die Wirksamkeit tiergestützter Interventionen. Er fand heraus, dass nach 10 bis 20 Minuten ruhiger Interaktion mit dem Tier vermehrt wohltuende Hormone ausgeschüttet werden. Sowohl beim Zwei- als auch beim Vierbeiner erhöhten sich die Werte der Hormone Oxytocin, Prolactin, Beta-Endorphin und Phenylethylamin signifikant, der Pegel des Stresshormons Cortisol sank deutlich ab. Da diese Fachausdrücke nur „Eingeweihte" beeindrucken können, sei in diesem Zusammenhang ein Blick hinter die Kulissen geworfen:

- Oxytocin, ein Neuropeptid aus der Gruppe der Proteohormone, verringert den Blutdruck und den Cortisolspiegel, verringert also die Auswirkungen von Stress. Gleichzeitig ist es ein Bindungshormon, das, genügend Rezeptoren im Gehirn vorausgesetzt, für psychische Zustände wie Liebe, Vertrauen und Ruhe steht. Auch die Wundheilung kann durch höhere Oxytocinspiegel verbessert werden.
- Prolactin löst bei allen Säugetierarten – bei beiden Geschlechtern – Brutpflege- bzw. Fürsorgeverhalten aus.
- Beta-Endorphine sind körpereigene Opioide und mitverantwortlich für das Entstehen von Euphorie. Man erspart sich quasi die Anstrengung eines Marathonlaufs, beim Katzenkuscheln entstehen die gleichen Hormone! Auch die analgetische, schmerzreduzierende Wirkung des Beta-Endorphins ist bekannt.

- Last but not least ist das 2-Phenylethylamin verantwortlich für das Entstehen von Glücksempfindungen. Bei depressiven Menschen ist es in zu geringen Konzentrationen im Körper vorhanden. Ein wenig PEA befindet sich auch in der Schokolade – schön, dass es mit Katzenstreicheln auch eine kalorienfreie Version dieses Hochgenusses gibt!

Diese beeindruckenden Tatsachen werden in Amerika, wo die tiergestützte Therapie eine weit längere Tradition als in Europa hat, nicht nur in Rehabilitationszentren für Jung und Alt, psychiatrischen Kliniken und Pflegeheimen, sondern in 20 US-Bundesstaaten auch in Akutkrankenhäusern genutzt. Sogar das „Haustier auf Krankenschein" ist bereits Realität.

Es ist zu hoffen, dass in absehbarer Zeit durch gute Vernetzung der einzelnen Fachdisziplinen, intensive Zusammenarbeit zwischen Wissenschaft und Praxis, Schaffung hochqualifizierter Ausbildungsplätze und standardisierter Qualitätsnormen im deutschsprachigen Raum das für Lebensqualität und Gesundheit der Menschen nutzbare Potenzial der Tiere erkannt und in beiderseitigem Einvernehmen genutzt und hoch geschätzt wird. Wenn Herz und Hirn endlich gemeinsam diese bislang hauptsächlich intuitiv genutzten Möglichkeiten erkennen, werden auch für diesen Bereich der Mensch-Tier-Beziehung „ganze Weltalter voll Liebe notwendig sein werden, um den Tieren ihre Dienste und Verdienste an uns zu vergelten", wie der Dichter Christian Morgenstern (1871–1914) so treffend schrieb.

Tierschutzrelevante Überlegungen

Katzen sind wertvolle Co-Pädagogen und therapeutische Helfer. Die gesundheitlichen Risiken sind im Vergleich zu deren positiven Effekten vernachlässigbar.

Ein sehr ernstzunehmender, gerechtfertigter Einwand gegen die Arbeit mit Katzen ist der Vorwurf der Instrumentalisierung. Wenn ein Tier einen „Beruf" hat – ein Blindenführhund, ein Turnierpferd oder eben eine Therapiekatze –, ist sein Freiraum eingeengt, körperliche und/ oder emotionale Anforderungen im Vergleich zu „normalen" Tieren sind besonders hoch.

Stationskatzen

Katzen sind territorial organisiert und schätzen Veränderungen in Bezug auf Standort, Bezugspersonen, Inventar etc. ganz und gar nicht. Fälschlicherweise wird von allen sofort daraus geschlossen – die Katzen selbst fragt man ja nicht –, dass sie „ideale" Stationstiere wären. Sie leben in psychiatrischen Kliniken, palliativmedizinischen Einrichtungen, Rehabilitationszentren usw. und haben Kontakt mit den Menschen, die dort kurzzeitig oder langfristig betreut werden oder arbeiten. Reinlich, immer verfügbar, auf Abruf zu intensiven Beziehungen bereit. Dem ist definitiv nicht so. Erstens sind ein oder zwei Katzen in einer Klinik noch lange keine „tiergestützte Intervention". Dazu gehören ein qualifiziertes, vertrautes Mensch-Tier-Team und das geeignete Arbeitsumfeld. Ständig wechselnde Bewohner, Besucher, Geräusche, Menschen, die Katzen nicht mögen, verschlossene Türen, niemand, der zur Katze wirklich gehört etc. – eine wahrlich belastende Situation für ein sensibles Wesen!

Verunsicherte Stationskatze ohne jeglichen Rückzugsraum

Doch es geht auch anders. Es gibt auch Einrichtungen, in denen

- alle Personen, die auf der Station tätig sind, die Tierhaltung befürworten und deren Bedürfnisse kennen.
- die Anschaffung gut sozialisierter, selbstbewusster und freundlicher Tiere genau überlegt wird.
- ein engerer Kreis des Pflegepersonals als verantwortliche Bezugspersonen für das leibliche und seelische Wohl der Tiere zuständig ist.
- der Schutz der Katzen vor aggressiven Handlungen ebenso selbstverständlich gewährleistet ist wie der von Patienten, die einen Kontakt zu Tieren nicht wünschen oder aus gesundheitlichen Gründen nicht ertragen (z.B. Allergien).

- ein jederzeit zugänglicher Rückzugsraum vorhanden ist, der mit erhöhten Liegeplätzen und Schlafplätzen katzenfreundlich ausgestattet ist.
- eventuell auftretender emotionaler Stress und andere Belastungen rechtzeitig erkannt und behoben werden, nötigenfalls durch Abgabe an einen ruhigen Platz in einem Privathaushalt.
- der finanzielle Spielraum so groß ist, dass für die Samtpfoten regelmäßige Ausgaben für Qualitätsfutter und Katzenstreu sowie geplante, aber auch ungeplante Tierarztausgaben jederzeit getätigt werden können.

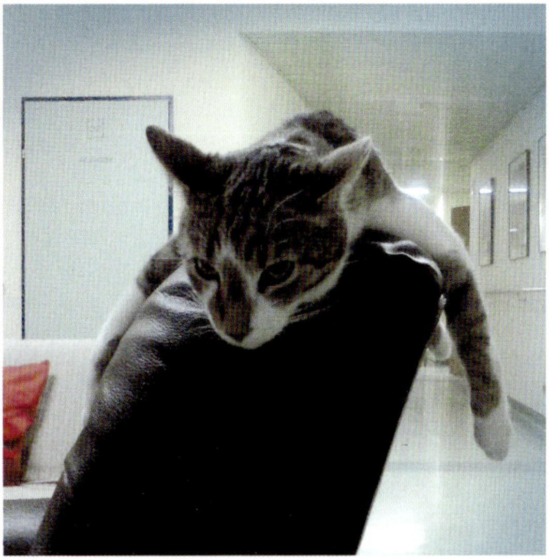

Max ist für seinen Beruf Stationskater geeignet – er liegt völlig entspannt am Gang. Oder doch nicht?

Diese Institutionen gibt es, wenn auch selten. Und dort geschehen Tag für Tag kleine Wunder ...

Eine experimentelle Studie (Barker et al.), die die Auswirkung tiergestützter Therapie auf Heil- und Pflegekräfte in einer Klinik untersuchte, kam zum erfreulichen Ergebnis, dass sogar sehr kurze Interaktionen mit Stationstieren stressmindernde Effekte hatten. Tiere in der Einrichtung beeinflussen also nachweisbar die Arbeitsatmosphäre positiv! Bleiben die Interessen des schwächsten Glieds der Kette gewahrt, entstehen eine Menge Synergieeffekte frei nach dem Motto „Geht's der Katze gut, geht's allen gut!"

Die Katze als Besuchstier

Hunde haben in diesem Setting aufgrund ihrer Rudelorganisation deutliche Vorteile gegenüber den territorialen Katzen. Für Klienten, vor allem Kinder und alte Menschen, mag es besonders reizvoll sein, Besuche ihrer schnurrenden Freunde zu erhalten, für das Katze-Mensch-Team bedeutet das eine Herausforderung; viel Wissen und Fingerspitzengefühl sind nötig. Sehr wenige Katzen sind für diese Arbeit geeignet. In den folgenden Kapiteln sind daher Hilfestellungen zu Auswahl, Training und Qualifikation von Katzen ausführlich dargestellt. Ablauf der Besuche, Dauer und Häufigkeit sind individuell auf die einzelne Katze abzustimmen. Auch wenn – leider – keine speziellen gesetzlichen Vorgaben für Tierbesuchsdienste oder für den fallweisen Einsatz von Besuchstieren in der Therapie bestehen, sind gesetzliche Vorschriften aus den Bereichen Hygiene, Tierschutz, Haftpflicht etc. zu beachten. Dass die Vierbeiner nur bei Personen zum Einsatz kommen, die damit einverstanden sind, versteht sich von selbst. Bei geistig eingeschränkten Personen ist die Zustimmung der Verantwortlichen einzuholen.

Nach ihrem ersten Besuch in einer Unterrichtsstunde ist die junge Katze erschöpft, überreizt und dehydriert vom wilden Spiel mit den Schülern.

„Heimarbeit" – Mitarbeiter mit freier Zeiteinteilung

Eine geniale und nur auf den ersten Blick belächelte Form der katzengestützten Intervention, die dem Naturell unserer vierbeinigen Freunde wirklich entgegenkommt, ist die Arbeit von zu Hause aus, quasi als freie Mitarbeiter. Bei Begegnungen mit Kindern und Jugendlichen jeden Alters als professionelle (sonder-)pädagogische Intervention auf dem Bauernhof, als Motivator im Nachhilfeunterricht oder auch in ambulanten logopädischen, ergotherapeutischen, psychologischen und psychotherapeutischen Instituten sind Katzen als Helfer heute bereits fallweise eingebunden.

Ein Ausbau dieser Angebote – inklusive Professionalisierung – wäre im Sinne der PatientInnen bzw. der KlientInnen und auch im Sinne der Katzen(!) wünschenswert.

Ein besonders interessantes Beispiel für erfolgreiche katzengestützte Arbeit findet man in der Praxis der Diplompsychologin und psychologischen Psychotherapeutin Regina Lessenthin. Bereits seit 1987 unterstützten ihre Tiere methodenübergreifende Konzepte aus Verhaltenstherapie, Tiefenpsychologie, Gesprächs- und Familientherapie. In einer Befragung bestätigten 80% der Patienten, die mit unterschiedlichsten Krankheiten und Problemen, z.B. Depressionen, Ängste, mangelnde Selbstsicherheit, Beziehungsprobleme, Essstörungen, Traumata, regelmäßig einmal wöchentlich zur Behandlung kamen, die positiven Effekte der Katzen. Die gelöste Atmosphäre, die es erleichtert, Probleme anzusprechen, und die Verkürzung der Therapiedauer wurden als Hauptgründe für die positive Bewertung genannt. Die Katzen haben freien Zugang zum Garten und zu allen Räumen des Hauses, sind nicht gezwungen, sich zu einer bestimmten Zeit an einem bestimmten Ort aufzuhalten, ihre Mitarbeit in Form von aktiver Zuwendung wie Köpfchen geben, schnurren, auf dem Schoß sitzen oder die Einbindung in verhaltenstherapeutische Maßnahmen erfolgt freiwillig – so sperrt der Schlüssel zur Tür der Seele am besten.

Tiergestützte Pädagogik

Wissenschaftliche Studien bestätigen, dass Tiere durch ihr Verhalten, das durch Wärme, Empathie und Authentizität geprägt ist, einen wesentlichen Beitrag zur Erziehung und Entwicklungsförderung leisten können. Durch den Kontakt mit Hunden, Katzen und Kleinsäugern können Schüler neue Impulse erfahren. Das Tier wirkt durch seinen Anblick, den Körperkontakt, durch Kommunikation und Interaktion fördernd auf den Menschen. Starkes emotionales Erleben wird ermöglicht, der Aufbau physischer, psychischer und seelischer Energien gestärkt und gefördert.

> *„Je bedingungsloser die Zuwendung durch einen authentischen, nicht wertenden Erzieher erfolgt, desto größer ist der Erfolg der pädagogischen Maßnahme".*
>
> Carl Rogers

Der Einsatz tiergestützter Pädagogik in „normalen" Schulen ist leider selten.

Bei der tiergestützten Pädagogik handelt es sich um eine ganzheitliche, individuumszentrierte, ressourcen- und bedürfnisorientierte Erziehungsgestaltung, die Kinder und Jugendliche zum Aufbau eines positiven Selbstkonzeptes befähigt. Trotzdem wird mit Tieren als Co-Pädagogen in „normalen" Schulen selten gearbeitet – gute Konzepte findet man vor allem für Einsätze in Sonderschulen, Behinderten- und Pflegeheimen, psychiatrischen Kliniken usw. Das ist traurig, wenn man bedenkt, dass Schüler einen großen Teil des Tages in ihrer Ausbildungsstätte verbringen. In der Großstadt haben Kinder auch in ihrer Freizeit oft wenig Möglichkeiten für Kontakte zur belebten Umwelt. Treu dem alten Satz „Nicht für die Schule, sondern für das Leben lernen wir", sollte nicht nur die Aneignung intellektueller, sondern auch emotionaler und sozialer Fertigkeiten, Einstellungen und Werthaltungen im Vordergrund stehen.

Schulische Bildung im besten, im ganzheitlichen Sinn berücksichtigt vier Dimensionen:

- die mentale (Ausbildung, Denken, Planen ...)
- die physische (Bewegung, Ernährung, Stressmanagement ...)
- die spirituelle (Wertsystem, Natur, Religion ...)
- die sozial/emotionale (mitfühlende Kommunikation, kreative Kooperation ...)

Eine weise und ausgewogene Entwicklung aller vier Dimensionen führt zur optimalen Synergie.

Beziehungslernen

Menschen brauchen für ihr Gesundsein vor allem die Erfahrung, angenommen zu werden, und zwar ohne Bedingung – ohne Leistung erbringen zu müssen. Sie brauchen das Gefühl, liebenswert zu sein und die Erfahrung, geliebt zu werden.

Die Rasanz der Veränderungen in unserer Zeit entspricht dem „menschlichen Maß" nicht mehr. Die Hektik, vorgegebenen Zeiterfordernissen entsprechen zu müssen, schränkt die Möglichkeiten und Gelegenheiten des „Beziehungslernens" stark ein. Gefühle auszudrücken braucht Zeit! Tiere können in diesem Zusammenhang wahre Wunder wirken, ihr – im Vergleich zum Menschen verlangsamter – Rhythmus setzt bei intensiver Beschäftigung einen Mechanismus der Angleichung in Gang, der die Aufmerksamkeit vom rein Äußeren hin zum Inneren lenken kann.

Durch den Kontakt mit Katzen entsteht eine ganz besondere Art von Verbundenheit, ein physiologischer Prozess des Offenwerdens. Zunächst wird die Wahrnehmung geschärft, dann öffnen sich die tieferen Schichten im Menschen – erhöhte Achtsamkeit, Wertschätzung und Verantwortlichkeit sind das Resultat. Kinder, aber vor allem Jugendliche im Prozess der Identitätsfindung, sind dadurch leichter imstande, Werte zu definieren, die oft ein ganzes Leben lang beibehalten werden. Hunde und Katzen können aufgrund selbstwertsteigernder Bindungsprozesse, die nachweisbar positive Wirkung auf die Ich-Identität haben, Korrektivwirkung besitzen.

Für die Schule gilt:

Tiere fördern die Gesundheit
➡ Gesundheit bedeutet Wohlbefinden
➡ Wohlbefinden fördert Lernprozesse

Nicht nur Kater Happy lernt hier etwas.

Das Lehrer-Tier-Team

Das Vorbild des Lehrers/der Lehrerin und die Qualität der Lehrer-Schüler-Beziehung sind für die Persönlichkeitsentwicklung von Kindern und Jugendlichen von grundlegender Bedeutung.

Während die Eltern-Kind-Beziehung natürlich vorgegeben ist, muss das erzieherische Verhältnis erst geschaffen werden – die Lehrperson muss sich das Vertrauen ihrer Schüler erst verdienen! Die Persönlichkeit des Lehrenden spielt hierbei nicht nur eine große Rolle hinsichtlich der Vorbildwirkung, sondern auch hinsichtlich des Vorhandenseins von Eigenschaften, welche die Aufnahme positiver emotionaler Beziehungen fördern. Sie geschieht mittels Wertschätzung, Verständnis und Authentizität. Offenheit und die Fähigkeit zu partnerschaftlicher Zusammenarbeit ermöglichen einen Dialog, der auch in Problem- oder

Krisensituationen der Kinder und Jugendlichen Begegnung und Beratung möglich macht. So kann die Lebensführung entscheidend – aber keinesfalls manipulativ – beeinflusst werden.

Da Kater Happy gemeinsame Aktivitäten mit Menschen genießt, einfühlsam und anpassungsfähig ist und über Mimik und Körpersprache intensiv kommuniziert, ist er diesbezüglich ein ideales „therapeutisches Medium". Der liebevoll-professionelle Umgang mit ihm und dem Hund Maxi im Unterricht beeindruckt die Schüler und ist ein wichtiger Gradmesser für deren Wertschätzung meiner Person. Denn: Kinder hören uns nicht immer zu, aber sie beobachten uns genau!

So schaffen empathisch begleitete Kontakte zu Tieren in der Schule für viele Kinder und Jugendliche Mut zur Kreativität bei der Entdeckung neuer Ressourcen und Schaffung neuer Lehr- und Lernbedingungen. Der Aufbau neuer Bewusstseins-, Erlebens- und Verhaltensmöglichkeiten wird gefördert.

Alexander Mitscherlich findet in seinem Plädoyer für die Notwendigkeit biotischer Erlebnisse im (Schul-)Alltag starke Worte: *„Der junge Mensch braucht seinesgleichen – nämlich Tiere, überhaupt Elementares, Wasser, Dreck, Gebüsche, Spielraum. Man kann ihn auch ohne das alles aufwachsen lassen, mit Teppichen, Stofftieren oder auch auf asphaltierten Straßen und Höfen. Er überlebt es, doch man soll sich dann nicht wundern, wenn er später bestimmte soziale Grundleistungen nie mehr erlernt."*

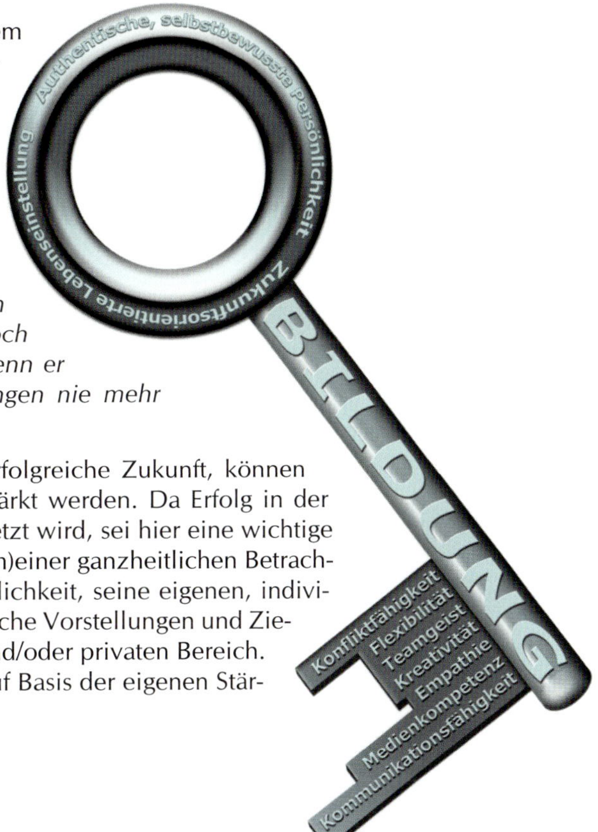

Die „Top Skills", Schlüssel für eine erfolgreiche Zukunft, können auch durch das Leben mit Tieren gestärkt werden. Da Erfolg in der Regel mit beruflichem Erfolg gleichgesetzt wird, sei hier eine wichtige Bemerkung angefügt: Erfolg im Sinne (m)einer ganzheitlichen Betrachtung bedeutet **Lebenserfolg** – die Möglichkeit, seine eigenen, individuellen Stärken zu entwickeln, persönliche Vorstellungen und Ziele zu verwirklichen – im beruflichen und/oder privaten Bereich. Ein erfülltes, selbstbestimmtes Leben auf Basis der eigenen Stärken ist ein erfolgreiches Leben.

Tiere als Co-Pädagogen unterstützen die Entfaltung dieser Lebenskompetenzen durch Förderung von Wahrnehmungsprozessen, der Kommunikationsfähigkeit sowie sozialer Kompetenz und sozialer Unterstützung durch situatives Lernen.

Förderung von Wahrnehmungsprozessen durch Katzen

Das Streicheln über weiches Fell, das Berühren des Kopfes, das Fühlen der Körperwärme steigert auch die Selbstwahrnehmung und das Gefühl für die eigene Dimension.

Unser Tastsinn ist für Wahrnehmung, Erfahrung und Wohlbefinden von elementarer Bedeutung. Berührungen wecken Gefühle. Rezeptoren nehmen Reize auf, Synapsen verbinden, Neuronen feuern. Die Ausschüttung des Stresshormons Cortisol wird reduziert, das Immunsystem gestärkt. Durch die Anregung der Vagusfunktion werden Herzschlag, Atmung und Blutdruck stabilisiert.

Tasten beschäftigt das gesamte Gehirn. Jedes taktile Erlebnis, etwa das Streicheln über weiches Fell, das Berühren des Kopfes, das Fühlen der Körperwärme steigert auch die Selbstwahrnehmung und das Gefühl für die eigene Dimension.

Es ist allgemein bekannt, dass Berührungsreize und der trainierte Gebrauch gelähmter oder spastischer Gliedmaßen die Neuronen zur Neuorganisation anregen, oft Empfindungen oder gar Bewegungen wieder möglich werden. Relativ neu ist die Erkenntnis, dass Magersucht wahrscheinlich durch Fehlfunktionen des rechten Parietalcortex hervorgerufen wird, der sensorische Signale verarbeitet und das Körperschema erzeugt. Hunderttausende Mädchen und Frauen hungern, weil ihr Bild von sich selbst in ihrem Körper nicht richtig codiert wurde. Womöglich hat es an Berührungen gefehlt, der vernachlässigte Körper rächt sich mit Fehlmeldungen! Das Streicheln und die Vibrationen einer schnurrenden Katze im Arm setzen Mechanismen in Gang, die unschätzbare Erfahrungen liefern. Wenn Berührungen als klinische Heilverfahren (mit Ausnahme der Neonatologie) bis heute nicht allgemein anerkannt sind, dann liegt das weniger an naturwissenschaftlichen Beweisverfahren, sondern an der Tatsache, dass in unserer Gesellschaft eine gewisse Scheu vor physischem Kontakt besteht. Tiere wirken als Katalysatoren und helfen dabei, Defizite auszugleichen.

Die Mensch-Katze-Beziehung

Viele Menschen, natürlich auch Jugendliche, öffnen sich Tieren gegenüber leichter. Sozial kompetente Tiere eignen sich besonders gut zum Aufbau einer Du-Beziehung, da auch sie daraus emotionale und soziale Grundbedürfnisse stillen können. Das „Verstehen ohne Worte" macht die Mensch-Tier-Beziehung zu etwas Besonderem. Die Katze kann sprachliche Informationen nicht verstehen. Sie nimmt jedoch intuitiv die Stimmung wahr, indem sie Gesten, Blicke, Bewegungen, Berührungen, aber auch Stimm-Modulation und Sprachrhythmus im jeweiligen Kontext wahrnimmt.

Mit jeder gelungenen Begegnung zwischen Mensch und Tier wächst gegenseitiges Vertrauen und Selbstvertrauen. Daher wird die Mensch-Tier-Beziehung als sehr angenehm und wohltuend empfunden. Diese Beziehungsfähigkeit zu allen Mitlebewesen, das Spüren von Verbundenheit mit der Natur gewährleistet die Entwicklung von Authentizität und stellt die Basis für gute Kommunikation dar.

Förderung der Kommunikationsfähigkeit

Kommunikation beeinflusst unser Erleben und Verhalten und stellt somit die Grundlage von Lernprozessen dar. Der Dialog von Mensch zu Mensch ist in der Regel von Erwartungshaltungen, Wertungen, manchmal sogar Furcht vor Versagen geprägt. Das Gespräch über die oder mit der geliebten Katze ist da deutlich entspannter!

In Gesprächen werden gleichzeitig mit den Worten zusätzliche (Körper-)Signale übermittelt, die über die Bedeutung des Gesagten Aufschluss geben. Während auf der Sachebene digitalsprachliche Informationen vermittelt werden, definieren die analogen Signale die Beziehungsebene. Missverständnisse und Irritationen beruhen oft auf mangelnder Bewusstheit der fundamentalen Bedeutung der Körpersprache.

„Katzenversteher“ haben es leichter.

Diese Botschaften des Körpers sind ein wichtiges Bewertungskriterium in zwischenmenschlichen Begegnungen. Um ihre volle Wirkung zu

entfalten, muss die Körpersprache der Person angepasst, wirkungsvoll und glaubwürdig sein. Daher versuchen Führungskräfte mit Defiziten im emotional/sozialen Bereich Sympathie und Akzeptanz ihrer Mitarbeiter zu gewinnen, indem sie Trainingskurse zur Selbstpräsentation, die sie mit der Wirkung ihres eigenen Körpers vertraut machen sollen, besuchen. Wie einfach hat es da ein „Katzenversteher"! Geschult im Lesen der Körpersprache wird nicht nur die Befindlichkeit des Gegenübers richtig zugeordnet, sondern auch die analoge Kommunikation bewusst eingesetzt.

Soziale Kompetenz

Um Beziehungen zu bewahren, zu verbessern und zu pflegen sowie eine gewisse Verbundenheit zu entwickeln, bedarf es grundlegender sozialer Kompetenzen – Sensitivität, Beobachtungsgabe, Authentizität in analoger und digitaler Kommunikation usw. – und der Möglichkeit, in vielerlei Interaktionen Unterstützung zu erfahren. Ein Defizit an sozialer Unterstützung, speziell an Hilfe und Beistand im emotionalen Bereich, führt zu mangelnder Sozialkompetenz und zu mangelnder sozialer Integration.

Im erlebnisorientierten, situativen Lernprozess mit Tieren verbündet sich der Mensch mit dem effektivsten Pädagogen – dem Leben selbst. Hier kommt dem Spiel – welches Kind, welche Katze spielt nicht gern – eine fundamentale Rolle zu. Es ist frei von jeder Fremdbestimmung, also eine spontane, zweckfreie, intrinsisch motivierte Tätigkeit. Durch die Freude am Spiel tritt der Mensch lustbetont an Unbekanntes heran und lernt in spannungsfreier Umgebung.

Hier einige Beispiele:

- Spiele mit Katzenangel oder Bällchen fördern durch die Unterstützung der motorischen Fähigkeiten Koordinationsfähigkeit, Geschicklichkeit, Kraft und Kondition.
- Schöpferische Spiele – z.B. Basteln von Katzenspielzeug (Fummelbrett, Raschelkiste mit Seidenpapierkügelchen etc.) bringen Freude an der Durchführung eines Plans, der Erkennbarkeit eines Produkts. Die Entfaltung und Förderung der Kreativität aller Beteiligten ist feststellbar – begleitende Pädagoginnen eingeschlossen!

Happy untersucht die neue Raschelkiste.

- Kognitive und soziale Entwicklung: Positive Erfahrungen bei der Aneignung von Fachwissen über Katzen stärken das Selbstvertrauen und helfen, Spannungen und Aggressionen abzubauen. Gefühle wie Zuneigung und Mitgefühl, aber auch Wünsche und Gedanken werden in einer entspannten Atmosphäre sprachlich artikuliert.

Hygienemaßnahmen, Infektionsgefahren

Verantwortliche in Institutionen, die Tierbesuche verbieten, argumentieren häufig mit hygienischen Bedenken, mit Infektionsgefahren.

Daher werden im folgenden Abschnitt Risiken und Krankheiten, die von Katzen auf Menschen übertragen werden könnten, genannt, um Entscheidungshilfen für konkrete Klientengruppen geben zu können. Bitte erschrecken Sie nicht, sehr viele Krankheiten sind durch Katzen übertragbar! Der überwiegende Teil dieser Infektionsgefahren ist allerdings durch Prävention (z.B. Wurmprophylaxe) und einfache Hygienemaßnahmen vermeidbar. Der ganzheitliche Nutzen, der durch die Tiere erzielt werden kann, übertrifft das Risiko eines körperlichen Nachteils bei fast allen Klientengruppen bei weitem.

Unfallrisiko

Jeder Umgang mit Tieren bedingt das Risiko eines Sturzes oder Verletzung durch Bisse oder Kratzen. Bei entsprechender Planung – Arbeit mit geprüften Therapietieren, Freilauf der Katze im Seniorenheim erst dann, wenn die Klienten Platz genommen haben – ist das Risiko verschwindend gering.

Falls es doch zu einer Biss- oder Kratzverletzung kommen sollte, ist nach der Erstversorgung (Waschen mit Seife/antibiotischer Lösung, anschließend Abdecken mit Verband) unbedingt ärztlicher Rat einzuholen, da biss- bzw. kratzassoziierte Infektionen auftreten können.

- **Starrkrampf**: Tetanus-Impfschutz kontrollieren!
- **Pasteurella multocida**: Bei Patienten mit verminderter Immunität können schwere Infektionen wie Peritonitis, Meningitis und Sepsis auftreten.
- **Bartonella henselae** (Katzenkratzkrankheit): Mögliche Symptome dieser bakteriellen Infektion sind Kopf- und/oder Gliederschmerzen, Lymphknotenschwellungen, Fieber.

Parasiten (Ekto- und Endoparasitosen)

Flöhe, Milben und ähnliche Ektoparasiten sind heute keine Argumente mehr gegen Vierbeiner im Krankenzimmer! Für die meisten Würmer sind Katzen als Raubtiere der Endwirt. Die Würmer besiedeln als Endoparasiten („Innenschmarotzer") verschiedene innere Organe, rufen aber zumeist keine oder nur geringe Krankheitserscheinungen hervor. Als Zoonoserisiko von gewisser Bedeutung sind Katzenspul- und Fuchsbandwurm.

Diese Parasitosen sind gut beherrschbar, regelmäßige Kotuntersuchungen und Prophylaxe in Absprache mit dem Tierarzt sind durchzuführen und zu dokumentieren.

Sehr selten können durch Haare oder Schuppen der Katze allerdings gut behandelbare Pilzerkrankungen übertragen werden.

Weitere virale und bakterielle Infektionen

Zoonosen sind Krankheiten, die von Tieren auf den Menschen übertragen werden können. Für viele Infektionskrankheiten der Katze trifft das nicht zu. So sind etwa FIV, FeIV oder FIP nicht auf Menschen übertragbar.

- **Tollwut**: Die Übertragung erfolgt normalerweise durch Biss oder direkten Kontakt. Impfprophylaxe beim Tier schließt das Risiko aus!
- **Campylobacter enteritis**: Diese Dünndarmerkrankung kann durch den Kontakt mit dem Kot erkrankter Katzen übertragen werden.
- **Chlamydiosis**: Die Bindehautentzündung ist durch den Kontakt mit Augen- oder Nasensekreten von Katzen, die daran leiden, übertragbar.
- **Salmonellen**: Von der Katze durch Mund, Nase und Kot ausgeschiedene Salmonellen können beim Menschen Darmprobleme hervorrufen. Das Risiko ist minimal. Wenn Katzen mit Fertigfutter ernährt werden, ist eine Infektion auszuschließen, da dieses Futter sterilisiert wird.
- **Toxoplasmose**: Sie wird durch den Kontakt mit dem Kot von infizierten Katzen übertragen. Einer Infektion mit Toxoplasma gondii wird dadurch vorgebeugt, dass Schwangere auf das Reinigen der Katzentoilette verzichten oder dabei Handschuhe tragen. (Obwohl die Katze als mögliche Überträgerin bekannt ist, wissen die meisten Menschen nicht, dass der häufigste Übertragungsweg ungenügend gekochtes Fleisch darstellt!)

Allergien

Allergische Reaktionen durch Tierhaare bzw. das Risiko einer Verschlechterung allergischer Zustände (Asthma) stellen ein Gesundheitsrisiko dar, das unbedingt im Vorfeld einer tiergestützten Intervention abgeklärt werden sollte. Auch wenn Kaninchen und Nagetiere in diesem Zusammenhang problematischer sind als Katzen oder Hunde, sollte beachtet werden, dass Allergene auch bei Vermeidung eines direkten Kontakts über die Kleidung weitergegeben werden. Etwa 4 bis 5 % der Kinder reagieren auf tierassoziierte Antigene, bei alten Menschen ist der Prozentsatz aufgrund der verminderten Immunaktivität geringer.

Nur ein sehr geringer Prozentsatz alter Menschen reagiert auf tierassoziierte Antigene.

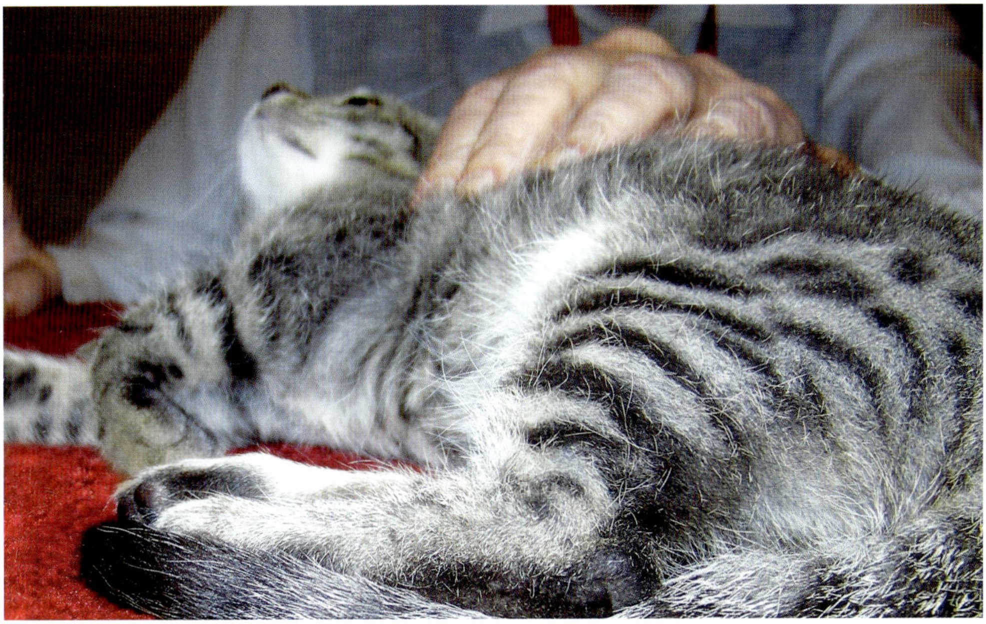

Zusammenfassend kann festgestellt werden, dass bei Personen mit schweren akuten Erkrankungen und immunsupprimierten Menschen von tiergestützten Interventionen unbedingt abzusehen ist. Bei bettlägerigen Menschen mit eingeschränkter Immunfunktion, Allergikern etc. sollte man den jeweiligen Einzelfall prüfen und dann eine sachlich fundierte Entscheidung treffen. Das individuelle körperliche Risiko ist gegen die erwartete Besserung des psychischen Zustands abzuwägen.

Für Alters- oder Pflegeheime, neurologische Kliniken etc. ist es sinnvoll, eine Auflistung der Bewohner bzw. Patienten, die mit dem Tier Kontakt haben dürfen (Indikationen, Kontraindikationen) vorzunehmen, die bei Personalwechsel zur Einsicht aufliegt. So bleibt, ein kla-

res Konzept und ein angepasster Prozessstandard vorausgesetzt, das Risiko kalkulierbar.

Das Thema kindlicher Tierkontakt und Hygiene wird aus berufenem Munde treffend formuliert: *„Grundsätzlich sind Tiere gut für Kinder – auch aus hygienischer Sicht, denn für eine gesunde Entwicklung der kindlichen Abwehr ist es gut, einen tierischen Trainingspartner zu haben.“* (Dr. Andreas Schwarzkopf, Facharzt für Mikrobiologie und Infektionsepidemiologie, Sachverständiger für Krankenhaushygiene)

Der Umgang mit Tieren ist gut für Kinder – auch aus hygienischer Sicht.

Artspezifisch-wesensgerechtes Training zum Therapietier

Das A und O des Katzentrainings

Um eine gute Gehirnentwicklung zu gewährleisten, sollte ein Katzenwelpe bis zur siebenten Lebenswoche möglichst vielen Sinnesreizen ausgesetzt werden.

„Cats have no masters, just friends." Dieser Satz beschreibt treffend sowohl den Unterschied zwischen unseren bellenden und schnurrenden Freunden als auch die Art und Weise, wie erfolgreiches Training mit Katzen ablaufen muss. Denn in ihrer Ausbildung zum Therapietier geht es weniger um das Lösen von Aufgaben als um das Vertiefen von Beziehungen und das Fördern und Nutzbarmachen angeborener Fähigkeiten.

Säugetiergehirne, wie das der Katze oder des Menschen, lernen aus angenehmen und unangenehmen Erfahrungen lebenslang. Möglichst viele Sinnesreize in der frühen Jugend (beim Menschen bis zum zweiten Lebensjahr, beim Katzenkind bis zur siebenten Woche) bilden die Basis für gute Gehirnentwicklung, also für eine vielfache Vernetzung des Systems.

Die somit sehr flexible Informationsverarbeitung baut Verknüpfungen, die Assoziationsbahnen, zwischen Sinneswahrnehmung und Gefühlen auf. Die daraus folgenden Reaktionen bezeichnet man als konditioniertes Verhalten. Während es in gefährlichen Situationen zur Ausschüttung von Stresshormonen und Angriffs- oder Fluchtverhalten kommt, wirken angenehme Verknüpfungen als Verstärker, als Bestätigung des Verhaltens. Solche angenehmen Verknüpfungen sind bei Katzen Futtergaben, Jagderfolg, Spiel, Streicheleinheiten oder auch ein gemütliches Plätzchen zum Dösen. Katzen verfügen über ein großes Lern- und Erinnerungsvermögen, das sie in erster Linie für die Verarbeitung der Informationen einsetzen, die für sie nützlich sind. Ihr assoziatives

Gedächtnis erlaubt ihnen, eine Problemstellung mit bereits Erlebtem zu vergleichen und Beziehungen zwischen mehreren Elementen herzustellen.

Warum sind Katzen (angeblich) so schwer erziehbar?

Katzen sind grundsätzlich territorial organisiert, nicht sozial hierarchisch mit dem Ziel kooperativer gemeinsamer Aktivität, sie können daher im Gegensatz zu Hunden nicht mit Druck erzogen werden. Da sie hoch spezialisierte Predatoren (Pirsch- und Lauerjäger) sind, haben sie deutlich mehr Geduld als wir Menschen. Auch ihre Konzentrationsfähigkeit auf Dinge, die ihnen wichtig sind, ist hervorragend. Katzen haben eine Priorität, der sie sich mit 100 % Einsatz widmen!

Die Katze entzieht sich allem Neuen und Unangenehmem durch Flucht, Rückzug oder heftige Aggression und ist dabei ausgesprochen geduldig und persistent. Zur Erhöhung der Trainingsmotivation stehen nur Spiel, Futter, seltener Streicheleinheiten zur Verfügung, da andere Dinge, die der Katze wichtig sind, schwer kontrollierbar sind (lauern, sich putzen, in der Sonne liegen etc.).

Daher vervielfacht jeder ressourcenorientierte Ansatz die Lernwilligkeit unserer vierbeinigen Freunde. Möchte man beispielsweise seinem zukünftigen Co-Therapeuten beibringen, freiwillig in die Transportbox zu steigen, nutzt man die Vorliebe der Katze für Höhlen und belohnt Schritt für Schritt jede erwünschte Verhaltensweise bis zum entspannten Liegen in der Box. Dass die ersten Ausflüge wieder zu Hause bei Spiel und Spaß enden und nicht beim Tierarzt, versteht sich natürlich von selbst. Das erlernte Verhalten wird mit einem Signalwort, etwa dem Begriff „Einsteigen", verknüpft und durch regelmäßige Wiederholungen gefestigt.

Das folgende Fallbeispiel zeigt deutlich, wie das Selbstbewusstsein einer Katze, anders als beim Hund, über ihren Lebensraum, ihr Territorium definiert wird. Selbst sehr zutrauliche Tiere sind in fremder Umgebung häufig reserviert und weniger zugänglich.

Im Alter von etwa sechs Monaten war Puppi noch ein scheues Findelkind.

Puppis erster Einsatz

Gute Planung ist der halbe Erfolg. Puppi muss besonders gut vorbereitet werden, da nichts über ihre Sozialisation und Habituierung bekannt ist. Erst mit etwa sechs Monaten hungrig und unterkühlt gefunden, hat sie an einem kalten Dezembertag bei uns Aufnahme gefunden. Vertrauensaufbau zu Menschen jeden Alters, gemeinsames Spiel, Streicheln, Hochheben, Füttern aus der Hand, verschiedene Geräusche, andere Tiere – ein großes, erfolgreich absolviertes Trainingsprogramm hat innerhalb von drei Monaten aus dem zunächst scheuen Findelkind ein verschmustes menschen- und hundefreundliches Wesen gezaubert.

Schwieriger gestaltet sich die Gewöhnung an die Transportbox und das Autofahren. Nach der fünfzehnten – oder war es doch die fünfzigste – Fahrt wird während des Transportes nicht mehr kläglich miaut, das Tier ist völlig entspannt. Dem Vorbild Happy sei Dank!

Der letzte Test vor dem ersten „Auftritt" im Seniorenheim wird eine Woche vorher durchgeführt. Eine halbstündige Autofahrt in ein ihr unbekanntes Haus, in dem mehrere Bezugspersonen vor Ort sind, Streicheleinheiten und Fütterung, danach Heimfahrt – soweit der Plan.

Puppi übersteht die Fahrt gut, nur eine ganz kurze Gesangseinlage untermalt die Radiomusik. In der fremden Umgebung reagiert sie ängstlich, miaut verzweifelt, während sie einen Ausgang sucht, lässt sich weder streicheln noch füttern und versteckt sich in einem unzugänglichen Winkel, ohne auf freundliche Worte der Bezugsperson zu reagieren. Ihre Unruhe und Angst legt sich die gesamte Beobachtungsdauer kaum. Wieder zu Hause, verlangt Puppi laut miauend von allen Anwesenden Streicheleinheiten ohne Ende. Der erste Einsatz wird auf unbestimmte Zeit verschoben ...

Warum sollte man Katzen überhaupt erziehen/trainieren?

Viele Menschen, auch Katzenfreunde, kennen die Bedürfnisse von Katzen viel zu wenig. Natürlich muss man sie nicht zur Sauberkeit erziehen, als Reinlichkeits- und Putzfanatiker kommen sie zur Welt. Doch zur Optimierung eines harmonischen Zusammenlebens, vor allem mit Wohnungskatzen, bedarf es einiger Regeln. Das Markierverhalten (Kratzmarkierungen) sollte etwa durch Anbieten attraktiver Möglichkeiten in die richtigen Bahnen gelenkt, Selbstbedienung vom Teller des Menschen durch Nahrungsaufnahme aus der eigenen Futterschüssel ersetzt werden. Das Trainieren von kleinen Kunststückchen dient auch zur Vertiefung der Mensch-Tier-Beziehung und ist eine wichtige mentale Beschäftigung für die intelligenten, in der Wohnung oft unterforderten Tiere. In unserem Fall dient es zum Ausbilden geeigneter Tiere für pädagogische oder therapeutische Zwecke.

Die Ausbildungsarbeit

Laut **E**uropean **S**ociety of **A**nimal **A**ssisted **T**herapy (ESAAT) umfasst tiergestützte Arbeit alle Maßnahmen, bei denen durch gezielten Einsatz von Tieren positive Auswirkungen auf Erleben und Verhalten des Menschen im Sinne ganzheitlicher Förderung erzielt werden sollen. Das setzt voraus, dass die Tiere soziopositives, im besten Fall aktiv freundliches Verhalten gegenüber Menschen zeigen. Das ist bei

Katzen nur möglich, wenn sie in den ersten beiden Lebensmonaten an den positiven Kontakt mit Menschen und anderen Tieren sowie an verschiedene Umweltreize gewöhnt wurden. Selten hat man das Glück, den Katzenwelpen während dieser Periode schon bei sich zu haben, so sind diese grundlegenden ersten Lernprozesse oft dem Zufall überlassen. Besitzer von Rassekatzen sollten die Zuchtstätte vor allem nach den Kriterien guter Sozialisierung auswählen. Findelkinder, Tiere aus Heimen oder aus Privathand bieten Überraschungen, unter denen sich immer wieder auch ein Joker befinden kann.

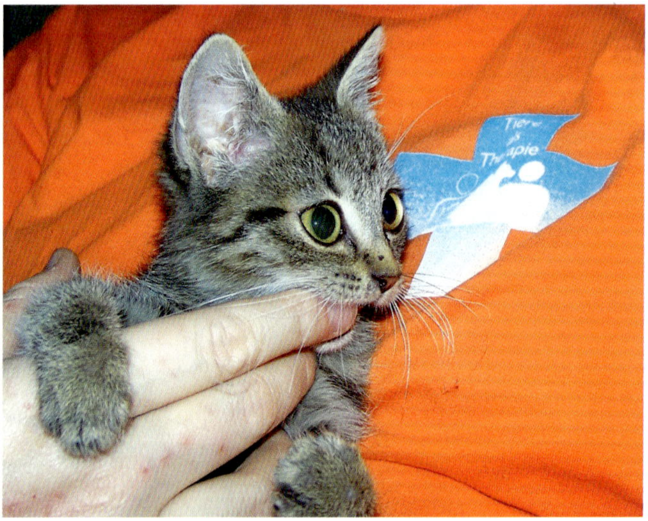

Selten hat man das Glück, Katzenwelpen schon in den ersten zwei Lebensmonaten bei sich zu haben.

Die Trainingsziele ergeben sich aus der Persönlichkeit und den Lebensumständen der Katze.

Wesentliche Voraussetzungen, die eine Katze erfüllen sollte, um als Co-Pädagoge oder Co-Therapeut eingesetzt zu werden, sind im Folgenden aufgelistet:

- Körperliche Fitness
- Selbstsicherheit
- Ausgeprägtes Erkundungsverhalten (bewegt sich sicher in fremder Umgebung, nähert sich fremden Menschen und Tieren mit Interesse und ohne Furcht)
- Freundlichkeit gegenüber allen Menschen
- Aktive Suche nach Aufmerksamkeit und Körperkontakt, wird gerne gestreichelt
- Aktivitätsniveau eher hoch
- Hohe Reizschwelle, geringe Stressanfälligkeit
- Sehr günstig ist es, wenn die Katze nicht wählerisch und mittels Leckerli gut motivierbar ist
- Starke Verbundenheit zur Bezugsperson

- Lässt sich gut motivieren und leiten
- Spielt gerne, hat gelernt, beim Spiel mit Menschen die Krallen einzuziehen
- Toleriert laute Geräusche und untypische Bewegungsmuster

Die letzten vier Punkte sind Ergebnisse guter Trainingsarbeit.

Nicht alle Trainingsmethoden sind für die empfindlichen Katzenseelen gleich gut geeignet. Welche zu welcher Zeit die richtige für die eigene Katze ist, ist nur durch einfühlsames Ausprobieren feststellbar.

Lediglich die lerntheoretischen Grundregeln gelten für alle Tiere gleichermaßen:

1. Sind die Folgen einer Handlung positiv („Belohnung"), nimmt die Häufigkeit/Intensität/Dauer einer Handlung zu. Lernwille und Motivation steigen.
2. Sind die Folgen einer Handlung negativ („Strafe"), nimmt die Häufigkeit/Intensität/Dauer der Handlung ab. Die Katze entzieht sich dem negativen Einfluss in der Regel durch Flucht, die Beziehung zum Menschen sowie die Lernmotivation leidet.
3. Hat eine Handlung gar keinen Effekt, verschwindet sie mit der Zeit („Extinktion").

Katzen schätzen leise Töne sowie dezentes Verhalten und sind durchaus in der Lage, Stimmungsschwankungen ihrer Bezugspersonen genau wahrzunehmen. Sie verstehen kleinste Signale und merken, wann uns ihr Verhalten widerstrebt (ausgenommen sind natürlich junge Katzen, die erst ihre Erfahrungen im Zusammenleben mit dem Menschen sammeln müssen).

Richtiges, ausgiebiges Spielen dient nicht nur zur Festigung der Mensch-Tier-Beziehung, sondern auch zur Reduktion der Triebenergie des kleinen Beutegreifers.

Spiel mit Gegenständen

Die Umleitung der Jagdinstinkte in konstruktive Spiele ermöglicht das Perfektionieren von Anschleichtechniken, das Anspringen und Packen der Beute durch Sprünge, Hiebe und Fangschläge und dient somit zur Verbesserung der Geschicklichkeit und Koordinationsfähigkeit. Dabei

gilt für die meisten Katzen: Je schwieriger das Spiel, desto beliebter ist es.

Man unterscheidet drei Grundarten von Beutefangspielen:

- **Mäuslsprung** (Rascheln, kleine Gegenstände)
- **Vogelsprung** (Schnur mit Gegenstand)
- **Fischfangschlag** (Tennisball, Kugel)

Zwei besonders attraktive Spiele, die sowohl in Kindergarten und Schule als auch im Geriatriebereich sehr erfolgreich eingesetzt werden können, sind das „Fummelbrett“ und die „Raschelkiste“.

Katzenfummelbretter sind wunderbare Spielzeuge. Sie bestehen aus einer Unterlage, die mit Tunnels, Höhlen und anderen Strukturelementen, die Futterverstecke darstellen, bestückt ist. Kinder und auch Erwachsene lieben es, in der Natur Holz, Tannenzapfen und Ähnliches zu sammeln und mit etwas Geschick oder guter Anleitung diesen herrlichen Spielplatz aus Naturmaterialien selbst zu basteln. Auch aus Karton, leeren Klopapierrollen verschiedenen Holzresten kann man es fertigen oder im Fachhandel käuflich erwerben. Fummelbretter regen die Problemlösekompetenz an und sind eine lustige Beschäftigungsmöglichkeit. Die Herstellung, das Befüllen mit Futterstückchen und das Beobachten des Tieres ist eine für Jung und Alt faszinierende Tätigkeit. Schulung von Teamfähigkeit, Feinmotorik, Konzentrationsfähigkeit und Beobachtungsgabe sind nur einige Lernziele, die mit Spaß und Freude beim „Fummeln“ erreicht werden können.

Ein selbst gebasteltes Fummelbrett bringt nicht nur für die Katze Spaß.

Die **Raschelkiste** stellt die einfachere Variante eines Beschäftigungsprogramms für

Mensch und Tier dar. In eine Schachtel werden selbstgefertigte Kügelchen aus buntem Seidenpapier gelegt, dazwischen Futterstückchen versteckt. Kindergartenkinder lernen etwa auf diese Weise ganz nebenbei das Zählen, wenn sie versuchen festzustellen, ob die Katze alle Leckereien gefunden hat.

Soziales Spiel

Scheingefechte, gegenseitiges Belecken oder Festhalten sind Grundelemente sozialen Spiels. Es dient im Wesentlichen dem Erlernen der Umgangsformen und der Verstärkung sozialer Bindungen. Kein Katzenfreund sollte seinem Tier diese Spielform vorenthalten, besonderes Augenmerk gilt hier dem Zeitpunkt der Einladung durch den Menschen. Nur eine entspannte Katze ohne jeglichen Triebstau wird das ritualisierte „Gefecht“ mit abschließendem Belecken oder Halten der Bezugsperson genießen, ohne ihre Krallen benutzt zu haben. (Der Einsatz der Krallen ist gleichbedeutend mit Spielabbruch durch den Menschen. Bei Katzenwelpen signalisiert ein hochfrequenter Schmerzlaut des zweibeinigen Freundes das Fehlverhalten.)

Soziales Lernen basiert auf dem Prinzip „Lernen am Modell“. Katzen sind hervorragende Beobachter und studieren Artgenossen (das ähnlichste Modell wirkt am besten), ihre Menschen, aber auch Hunde und andere Tiere, die im gemeinsamen Haushalt leben, genau und nehmen Elemente in ihr Verhalten auf.

Jungtiere, die – aus welchem Grund auch immer – zu früh von Muttertier und Geschwistern getrennt werden, entwickeln aus diesem Grund in der Regel keine stabile Persönlichkeit, es fehlt ihnen unter anderem an Frustrationstoleranz.

Soziales Lernen in Bezug auf andere Haustiere kann zu jedem Zeitpunkt erfolgen, braucht aber seine Zeit. Rückzugsräume als stressfreie Zonen sind in der Gewöhnungsphase besonders wichtig. Die Geschichte von Puppis Einzug in einen Haushalt mit vier Hunden zeigt die faszinierende Anpassungsfähigkeit und Intelligenz der Samtpfoten.

„Zwei wie Hund und Katz“ ist bei mir gleichbedeutend mit „Zwei, die sich mögen“. Auch wenn viele Verhaltensmerkmale dieser beiden Spezies ähnlich sind, gibt es doch auch wesentliche Unterschiede. Wenn für den Hetzjäger rasche Bewegungen der Katze als Auslöser für Jagdverhalten dienen oder das beruhigende Schnurren der Katze

Zwar liebt Puppi Hunde auch heute noch nicht, doch ein völlig angstfreies Miteinander ist möglich.

als Drohung empfunden wird, hilft nur das „Fremdsprachenlernen"! Meine Hunde haben alle Vokabeltests bestanden und sind „Katzenversteher", aber Puppi, doch schon ein halbes Jahr alt, hatte offenbar noch keine Gelegenheit, Hunde kennenzulernen. Die Ausgangssituation war denkbar schlecht. Im Quarantäneraum zuckte Puppi bei jedem Laut, den die vier Spitze von sich gaben, zusammen – und das waren nicht gerade wenige. Nach etwa einer Woche – nach dieser Zeit waren auch die zufriedenstellenden Ergebnisse der Bluttests gekommen – gab es den ersten Sichtkontakt. Den Hunden wurde verboten, das Gästezimmer (ehemals Quarantäne) zu betreten, die Türe blieb einen Spalt offen, so dass Puppi aus- und eingehen konnte, wie es ihr beliebte. Stundenlang studierte sie aus sicherer Entfernung alle Vierbeiner des Hauses. Mit Kater Felix war sie bald dick befreundet. Das alte Tier fürchtete sich natürlich nicht vor seinen bellenden Mitbewohnern, schmiegte sich sogar an sie. Jede Verhaltensweise wurde genauestens beobachtet, taxiert, interpretiert. Nach zwei Tagen wurde die alte

Hündin als Kategorie „völlig gefahrlos“ klassifiziert – auch von vorn. Für den alten Rüden und die kleine Hündin benötigte die junge Katze einige Tests. Ihr seitliches Springen mit großem Katzenbuckel sorgte bei der ganzen Familie für Lächeln – lautes Lachen erlaubten wir uns nicht, um Puppi nicht zu beschämen. Als sie die freundliche Geste des Pfotenhebens sah, empfand sie das zunächst als Drohung, wie für die Katzensprache typisch, lernte aber recht flott ihre Lektion: Dem großen Max nähert man sich am besten von hinten! Mit seinem Ball spielt man nur nachts und – ganz wichtig – er kann nicht auf den Tisch springen! Nach 14 Tagen zog sich Puppi nur mehr zum Mittagsschlaf ins Gästezimmer zurück und hatte das ganze Haus erobert. Auch heute noch liebt sie Menschen und Artgenossen mehr als Hunde, aber ein harmonisches, völlig angstfreies Miteinander ist möglich.

Immer wieder, wie auf der Abbildung ersichtlich, entstehen auch tiefe Freundschaften zwischen Hunden und Katzen. Spiel, Spaß und tiefe Zuneigung – wir Menschen sollten diese Vorbilder artübergreifender Verbundenheit einfühlsam respektieren!

Vorsicht geboten ist bei Haustieren, die ins Beutespektrum der Katze passen. Entschließt man sich zur Vergesellschaftung von „Katz und Ratz“, was nicht ratsam, aber im Einzelfall durchaus möglich ist, da Katzen sehr wohl zwischen Familienmitgliedern und Beutetieren auf dem Feld unterscheiden können, ist es wichtig, die Kontakte regelmäßig aufrecht zu halten, da im Gehirn der Katze eingespeichert wird: „Freund – isst man nicht“. Verblasst diese Erinnerung, nimmt der Jagdinstinkt wieder freien Lauf, frei nach dem Motto „Beute – ess ich“.

Puppi zu Besuch im Rattenhaus; eingezogene Krallen deuten auf freundliches Spiel hin.

Belohnung und Strafe in der Erziehung von Katzen

Die Belohnung beschleunigt den Lernvorgang, wenn sie regelmäßig gegeben wird, sie sollte zu Beginn konstant gereicht werden. Die intermittierende, zufällig angebotene Belohnung nach abgeschlossenem Lernprozess verbessert die Gedächtnisleistung. Es ist sinnvoll, viel Zeit und Energie zum Herausfinden der effektivsten Belohnung aufzuwenden. Differenzierte Belohnung durch Fleischbällchen o.Ä. hilft der Katze, gute von sehr guter oder durchschnittlicher Leistung zu unterscheiden.

Exaktes Timing (Schulung von Beobachtungsgabe und Reaktionsgeschwindigkeit) übt man zunächst ohne Katze. Markersignale wie Lobwörter, Clicker oder Zeichen sind in diesem Zusammenhang sehr hilfreich.

Bestrafung

Eine Strafe vermittelt keinerlei Informationen über das erwünschte Verhalten und verursacht Stress. Strafen belasten die Beziehung, Vertrauen schwindet. Wer Kooperation und Mitdenken von seiner Katze fordert, kann nur mit Liebe arbeiten; mit Gewalt erreicht man bei ihr nichts.

Sinnvolle Reaktionen bei unerwünschtem Verhalten:

- Ignorieren
- Alternativen aufzeigen (Kein Verbot ohne diese Maßnahme! Entfernung von Versuchungen!)
- Geräusch (z.B. rasselnde Blechbüchse) – das Geräusch wird mit dem Verhalten verbunden, es unterbleibt
- „Nein“ in ruhigem, aber bestimmtem, evtl. lauterem Ton

Eine Erziehungsmaßnahme muss stets im Moment der Handlung erfolgen und nicht erst Sekunden oder gar Minuten später. Routine und feste Regeln geben Sicherheit und sind erwünscht.

Da Strafen so gut wie immer mit dem Besitzer verknüpft werden, kann es eine Herausforderung sein, **anonyme Strafen** zu erfinden! Auch diese Reaktionen haben genau während des Zeitpunkts der Handlung zu erfolgen und dürfen nicht Angst auslösend sein.

So könnte Happys Bericht in Bezug auf anonyme Strafen aussehen: „Sechs Meerschweinchen im Wiesenauslauf sind eine Herausforderung! Anpirschen, Lauern, Anspringen, Zupacken! Welch großartiger Zeitvertreib wäre das! Im Hause Hahsler ist allerdings ausschließlich das Beobachten erlaubt. Beim Anpirschen stören kleine, unangenehme Silberkügelchen, die vom Himmel auf Katzen fallen.“

Natürlich ist es mühsam, einige Alufolienkügelchen zu formen und sich auf die Lauer zu legen. Doch bereits beim zweiten Treffer aus dem Hinterhalt, noch bevor die Meeris etwas von der Annäherung der Katze ahnen, verknüpft die Katze den Zusammenhang. Das Verhalten unterbleibt verlässlich. Die Kügelchen sind übrigens so klein, dass nur der Überraschungseffekt, das Erschrecken, für den Lernprozess verantwortlich ist, nicht ein Schmerzreiz! Eine sehr effektive anonyme Strafe, unter der die hervorragende Vertrauensbasis zwischen Mensch und Katze nicht leidet.

Happy ist hochmotiviert bei der Arbeit.

Der Trainingsplan

Für Menschen, die ihren Tieren verschiedene Tricks beibringen möchten oder einen Hindernisparcours – ähnlich Hundeagility – aufbauen, wird die Führung eines Trainingsprotokolls empfohlen.

Sowohl die Zieldefinition als auch die Festlegung der einzelnen Trainingsschritte und das Trainingstagebuch sollten genau dokumentiert werden, bei mangelndem Fortschritt kann durch präzise Analyse und Verkleinerung der Einheiten und/oder Veränderung der Methode doch noch erfolgreiche Arbeit geleistet werden.

Es empfiehlt sich, eine Übung nicht öfter als vier bis fünf Mal zu wiederholen, die Motivation der Katze sinkt sehr schnell. Minutentraining sollte von abwechslungsreichen Spielpausen abgelöst werden. Neue Variationen im Training bedeuten Spannung und Erhöhung der Motivation. Je mehr man sich dabei bemüht, ein positives Lernerlebnis zu gestalten, ohne auf die Lerngeschwindigkeit und das Ergebnis zu achten, desto mehr wird das Verhaltensrepertoire des Tieres ohne Nebenwirkungen wachsen. Jeder Trainingserfolg führt auf diese Weise zur Perfektionierung der Mensch-Katze-Kommunikation und zur Vertiefung der Beziehung.

Trainingsmethodik

Es sind schon dutzende, zum Teil sehr gute Bücher zum Thema Trainingsmethoden für Katzen geschrieben worden. Ich persönlich bevorzuge meine Stimme, die Körpersprache und meine tiefe Bindung zu den Tieren, um sie zu lenken. Der Vollständigkeit halber wird trotzdem ein kurzer Überblick gegeben. Wichtig ist es aber in jedem Fall, seine Katze partnerschaftlich mitentscheiden zu lassen.

Verbale Anweisungen

Eine ruhige, Vertrauen erweckende Stimme erhöht die Bereitschaft der Katze zur Kooperation enorm und wirkt motivierend. Der Erfolg verbaler Befehle hängt aber vor allem von der Konsequenz des Katzenhalters ab. So, wie man jeweils die gleichen Verhaltensweisen bestärken/ignorieren sollte, dürfen auch die Signalwörter nicht verändert werden. Der Wiedererkennungswert hilft der Katze, die Anweisungen zu verstehen.

Clickertraining

Clicker sind Geräte, die ähnlich dem Kinderspielzeug „Knackfrosch" beim Betätigen ein lautes Knackgeräusch erzeugen. Positives Verhalten kann auf diese Weise zeitlich sehr präzise markiert werden. Mittels operanter Konditionierung wird der Effekt des „Lernens am Erfolg" genutzt.

Der Clicker als sekundärer Verstärker ist bei der Arbeit mit Katzen vor allem dann eine gute Wahl, wenn die menschliche Stimme zu Verständnisschwierigkeiten führt, von der Katze emotional missverstanden wird. Eine scharfe Stimme reduziert das Lernverhalten, minimiert die Lernmotivation. Katzen mit geringem Selbstvertrauen erfahren beim Lernprozess durch den Clicker wertvolle Unterstützung, da es dem Besitzer/Trainer erlaubt, erwünschtes Verhalten präzise zu bestärken. Wenn etwa nur entspannte, vertrauensvolle Körpersprache bei einer Übung bestärkt wird (z.B. kein Schwanzpeitschen beim Sitz), erfolgt neben dem Trainingserfolg zusätzlich eine weitere Verhaltensmodifikation, die die Lebensqualität des Tieres verbessern kann.

Clickertraining sollte mehrmals täglich durchgeführt werden, nicht mehr als drei bis vier Treats in Serie. Fehler, die häufig gemacht werden, sind falsches Timing, Verwendung des falschen primären Verstärkers (er sollte extrem motivierend sein), Sprechen oder zu langsame Gabe des primären Verstärkers.

Da erfolgreiche Arbeit mit Katzen eher Spontanverhalten als spezielle Trainingssituationen nutzt, sollte der Clicker immer dabei sein. Er ist in vielen Fällen ein wertvolles Werkzeug, ersetzt aber keinesfalls die gute Beziehung zum Besitzer/Trainer und ist kein Wundermittel!

Target-Training

Beim „Target-Training" wird ein Tier konditioniert (üblicherweise mit dem Clicker), einen „Zielpunkt" mit Nase oder Pfote zu berühren. Das kann ein Targetstick, ein Karton oder auch die Handfläche sein. Ist das Tier solcherart trainiert, kann man mit Hilfe des Targets Aktionen unter Signalkontrolle (Kommando) bringen, die sonst schwierig zu trainieren sind. Bei der Ausbildung von Servicehunden wird zum Beispiel das Betätigen des Lichtschalters auf diese Weise gelehrt.

Bei der Arbeit mit Katzen ist das Target empfehlenswert, wenn man mit mehreren Tieren gleichzeitig arbeiten möchte. Die Tiere werden auf „ihr persönliches Target", welches sich deutlich von anderen unterscheidet, konditioniert. Das Berühren und Verharren an einer besonders geformten Platte wird genutzt, wenn eine Anzahl Tiere zur gleichen Zeit am gleichen Ort auf bestimmte Plätze verwiesen werden soll.

Ein Nachteil des Targeting ist, dass den Tieren gezeigt wird, was zu tun ist. Verhalten, das selbst erarbeitet ist, wird jedoch besser im Gedächtnis behalten. Auch ist „Pfote geben" absolut kein katzentypisches Verhalten. Die Pfote wird zur Exploration, zur Verteidigung, zum Festhalten, zur Drohung benutzt. Viele Katzen lehnen die Berührung der Pfote ab.

Shaping

Verhalten wird geformt, indem man jede kleine Variation des Verhaltens in die gewünschte Richtung belohnt. Das nennt man „Shaping". Exaktes Timing und das Prinzip der kleinen Schritte sind dabei besonders wichtig. Ein detaillierter Shaping-Plan enthält so viele kleine Schritte, wie nötig sind, um dem Tier zu verdeutlichen, was das Ziel des Trainers ist. Ein Schritt sollte nahtlos und logisch zum nächsten

Bei „SOS Affenalarm" ist Happy vollwertiger Mitspieler – und gewinnt leider viel zu oft!

Schritt führen. Obwohl Misserfolg ein Teil des Shaping-Prozesses ist, muss der Trainer versuchen, die Misserfolge auf ein striktes Minimum zu reduzieren.

Kater Happy liebt diese Lernmethode, er bietet sich an, darf sich viele Freiheiten erlauben und demokratisch die Richtung mitbestimmen. Gänzlich unerwünschtes Verhalten wird „nur" ignoriert. Angenehm ist, Wahlfreiheit zu haben und Experimentierfreude zeigen zu können. Aufmerksamkeit, Aktivität und Kommunikationsfreude steigen nicht zuletzt aufgrund exzellenter Hühnerhäppchen.

Als Zusammenfassung das A und O des Katzentrainings auf einen Blick:

- Vollstes Vertrauen der Tiere zu ihrer Bezugsperson, ihrem Trainer
- Keinesfalls Ausübung von Zwang
- Geduld und Einfühlungsvermögen (deutlich mehr als bei anderen Tieren)
- Sehr viel Zuneigung und gute Kommunikation
- Streicheleinheiten und leckere Belohnungshäppchen
- Arbeit mit Spielcharakter schafft hohe Motivation
- Forderungen, die dem persönlichen Wesen des Tieres zuwiderlaufen, sind tabu

Nachweis der Eignung zum Therapieteam

Tiergestützte Arbeit ist eine Teamleistung. Wer nach gelungener Sozialisierung, Habituation und Vertrauensaufbau als Bezugsperson mit seiner – besonders geeigneten – Katze im eigenen Arbeitsfeld pädagogisch oder therapeutisch arbeiten oder als Besuchsteam Menschen in Senioren- bzw. Pflegeheimen besuchen möchte, geht am besten folgendermaßen vor: Man schätzt – mit professioneller Hilfe oder alleine – die Persönlichkeit seiner Katze ein und ist absolut nicht traurig, wenn sein Tier nicht zu den wenigen auserlesenen gehört, das für diese Aufgabe wie geschaffen scheint. Denn jeder Tierfreund möchte für seinen Gefährten doch das Beste, und auch im eigenen Haushalt gibt es für Seelenfreunde viel zu tun!

Danach unterzieht man sich selbst einer ebenso strengen Prüfung. Eine – doch ziemlich lange – Liste soll beim „Selbsttest" ein wenig helfen. Sie ist zusammengestellt im Wissen und aus Erfahrung, dass viele Menschen resignieren, wenn sie mit dem Leid anderer, etwa in Heimen, konfrontiert werden. Auch soll schon im Vorfeld das Tier vor Instrumentalisierung, vor Ausbeutung – aus dem Wunsch heraus entstanden, anderen Menschen helfen zu wollen – geschützt werden.

Kategorie 1: Voraussetzungen, den Teampartner betreffend

- Genaue tierartspezifische Kenntnisse
- Tiefe Zuneigung zur Katze, enge Bindung, gegenseitiges Vertrauen
- Genaue Kenntnis der Persönlichkeit der Katze (= Kenntnis der Bedürfnisse, Fähigkeiten, persönlichen Eigenarten)
- Hervorragende Kommunikationsbasis ohne Anthropomorphisierung
- Richtige Einschätzung der Befindlichkeit des Tieres aufgrund feinster körpersprachlicher Signale, genaue Kenntnis individueller Stressignale
- Fähigkeit der professionellen Einflussnahme und Lenkung
- Das Tier sollte im eigenen Haushalt leben, um die Freude am Zusammenleben zu genießen und alle Bedingungen für dessen Wohlergehen zu kennen und zu erfüllen
- Fähigkeit, Einsatzart und Dauer auf das Tier abzustimmen
- Schutz der Katze vor Instrumentalisierung
- Kreativität bei der Arbeit, erfolgreiche Arbeit mit Katzen nutzt Spontanverhalten
- Flexibilität bei Störung, Mut zum Abbruch einer Arbeitseinheit

Kategorie 2: Klientenzentrierte Voraussetzungen

- Einschlägige fachspezifische Ausbildung für tiergestützte Pädagogik/Therapie, Basiswissen bezüglich des Wirkungsspektrums tiergestützter Interventionen beim Tierbesuchsdienst und anderen tiergestützten Aktivitäten

- Freude an der Arbeit mit Menschen, Wertschätzung und Respekt
- Geduld, Einfühlungsvermögen, Mitgefühl
- Gute Kommunikationsfähigkeit
- Fähigkeit, sich anderen zu öffnen, Beziehungen einzugehen
- Fähigkeit, Menschen zu motivieren
- Psychische Stabilität
- Einschlägiges Wissen über Krankheitsbilder etc.
- Fähigkeit zur strukturierten Planung und Durchführung tiergestützter Interventionen
- Fähigkeit zu Schaffung einer entspannten, harmonischen Arbeitssituation
- Erkennen von und Eingehen auf individuelle Wünsche und Bedürfnisse der Klientinnen

Im Rahmen einer Vorlesung sagte Prim. Dr. Anton Tölk, Vorstandsmitglied des Vereins „Tiere als Therapie", einmal folgenden Satz: „Der Mensch, der gerade noch geeignet ist, ist am besten geeignet".

Ich muss gestehen, ich habe diese Aussage lange nicht wirklich verstanden. Erst nach zwei Jahren erfolgreicher ehrenamtlicher Tätigkeit im Seniorenheim wurde mir, ausgebrannt und traurig wegen mehrerer Todesfälle, die Tragweite dieses Ausspruchs bewusst. Menschen, die tiergestützte Aktivitäten durchführen, arbeiten hoch motiviert und sehr engagiert – und brennen aus. Daher sind psychische Stabilität, Menschenliebe ohne Helfersyndrom und einfühlendes Verstehen anstatt kraftraubenden Mitfühlens unheimlich wichtig.

Viele Vereine, die gegründet wurden, um Menschen mittels tiergestützter Interventionen zu helfen, bieten Theoriekurse mehr oder weniger zeit- und kostenintensiv an. Auch Therapiehundeausbildungen gibt es fast schon wie Sand am Meer, ob qualifiziert, sei in diesem Zusammenhang dahingestellt. Katzen kann man nicht in der Gruppe auf der grünen Wiese trainieren und Katzenspezialisten, die gleichzeitig Fachkräfte bzw. AusbildnerInnen für tiergestützte Aktivitäten sind, gibt es (noch) sehr selten. Der

Verein „Tiere als Therapie“ mit Sitz an der Veterinärmedizinischen Universität Wien nimmt als einer der ersten diese Herausforderung an und bietet Interessenten individuelle Beratung und Hilfestellung an. Die in der Folge beschriebenen Ausbildungs- und Prüfungskriterien entsprechen den Richtlinien dieser Institution.

Die **theoretische Ausbildung** für den Zweibeiner besteht aus der Vermittlung von Grundkenntnissen in den Bereichen Psychologie, Trainingslehre, Pädagogik und Geriatrie, natürlich wird man auch in Ausrüstung für und Abläufe von Besuchsdiensten eingeschult. Eine kleine Prüfung liefert den Nachweis dieser Grundlagen.

Für die Vorbereitung der Katze auf die praktische Prüfung bietet TAT fallweise Seminare an. Auf Anfrage ist es möglich, im Zuge von Hospitationen Therapieteams bei der Arbeit zuzusehen. Die Vorbereitung auf den praktischen Teil der Prüfung darf das zukünftige Team in Ruhe in den eigenen vier Wänden durchführen.

Voraussetzungen für den Antritt zum **Praxistest** sind die Dokumentation der verhaltensgerechten Pflege und Unterbringung der Katze (Skizze oder Bericht, für Katzen wesentliche Strukturen und Ausstattungselemente müssen ersichtlich sein), die Kennzeichnung mittels Microchip, das Vorhandensein eines aktuellen Gesundheitszeugnisses inklusive Impfpass und die Ablegung der theoretischen Prüfung durch den Halter.

Beim Praxistest stellen die Prüfer die Sozialverträglichkeit gegenüber Menschen fest.

Die Prüfer stellen zunächst die Sozialverträglichkeit gegenüber Menschen mittels Streicheln, Simulation einer tierärztlichen Kontrolle, Hochheben, Bürsten und Füttern fest. Der Reaktion des Tieres bei Interaktion mit der Bezugsperson, der Kooperation des Teams wird besondere Beachtung geschenkt. Der Pflegezustand wird begutachtet, die Chipnummer mittels Lesegeräts kontrolliert. Im Hauptteil der Prüfung werden therapiespezifische Situationen simuliert – oftmals findet der Test auch an „Originalschauplätzen“, etwa in ausgewählten Seniorenheimen, statt. Füttern mit Frustration, ungewöhnliche Geräusche und Bewegungsmuster, Tragen durch Fremdpersonen, das alles darf ein Therapietier nicht aus der Ruhe bringen. Auch das Anlegen eines Katzengeschirrs und das Leiten des Tieres an der Leine mittels Futterlockung kann ein Prüfungsteil sein. Hierbei darf kein Zwang ausgeübt werden.

Haben Mensch und Tier ihre Tests bestanden, darf das Team mehrere **Assistenzbesuche** bei erfahrenen Vereinsmitgliedern in verschiedenen Institutionen absolvieren. Der Ausweis, den das Team schließlich erhält, hat die Gültigkeitsdauer für ein Jahr. Per Nachkontrolle kann diese Arbeitsbescheinigung um jeweils ein Jahr verlängert werden.

Planung und Durchführung katzengestützter Interventionen

Während der Hund gemeinsame Aktivitäten im Haus und im Freien genießt, jederzeit bereit ist, bestimmte Aufgaben für seine Teampartner zu erfüllen, ist die Katze hingegen die personifizierte Individualität. Outdooraktivitäten unternimmt sie grundsätzlich alleine – wer will schon eine Maus mit jemandem teilen –, und auch im „Innendienst“ bestimmt sie gern diverse Rahmenbedingungen, etwa Zeitpunkt, Art und Intensität der Begegnung mit den Klienten, selbst.

Betrachten wir daher einige Grundregeln für die professionelle Arbeit mit Tieren im Allgemeinen, ergänzt durch spezielle Tipps für ein Katze-Mensch-Team:

- Anpassung der pädagogischen bzw. therapeutischen Pläne an die Zielgruppe: Alter, Entwicklungsstand, Aktivitätsniveau, Mensch-Tier-Verhältnis, individuelle Wünsche
- Individuelle Begrenzung der Dauer der Aktivitäten (je nach Art und des Mensch-Tier-Kontaktes – von reiner Beobachtung bis heftiger Interaktion), maximal jedoch 50 Minuten
- Professionelle Planung: Rahmenplanung mit großer Flexibilität und situativer Reaktionsfähigkeit, Zeitpolster, mögliche Zwischenfälle vorhersehen
- Katzen mit den Klienten niemals alleine lassen
- Individuelle Stresszeichen der Tiere erkennen und Rückzug ermöglichen
- Alternativen bereithalten: bei Kindergartenbesuchen z.B. Bastelmaterial, Tierbücher, Bilder, Malutensilien, Tiergeschichten, Spiele für Katzen und/oder Menschen

Die Katze im Einsatz – Beispiele aus der Praxis

Kinder begegnen Katzen – Katzen als Co-Pädagogen

„Wer als Kind gelernt hat, behutsam mit einem Tier umzugehen, wer mit einem Tier gut Freund geworden ist, der wird auch als Erwachsener kein Griesgram und Menschenverächter werden.“

Hildegard Grzimek

Heißgeliebte Kuschelfreunde

Kinder und Tiere! Was gibt es Schöneres, Selbstverständlicheres! Leider ist die Welt nicht überall schön und heil, die Entfremdung von der Natur groß. Dabei profitieren Kinder mit einer tiefen Bindung zu ihrer Katze in mehrfacher Hinsicht von ihrem Tier: Die Zuneigung, die das Kind der Katze gibt, fördert die Erziehung zur Humanität. Einfühlungsvermögen, Rücksichtnahme und soziale Verantwortung sind nur drei Aspekte, die wie von selbst Teil eines emotional gesunden, offenen Wesens werden. Katzen bringen – wie auch Hunde – Kinder in ihre Mitte, wirken ausgleichend und stabilisierend auf die Psyche. Schüchterne, zurückhaltende Kinder gehen leichter aus sich heraus, während direkte, extrovertierte sich eher zurücknehmen, um ihrem vierbeinigen Freund nahe zu sein. Die Katze ist Spielgefährte, Kuschelfreund, Seelentröster und Vertraute – sie hat noch nie ein Geheimnis verraten!

Beim Eintritt in die Schullaufbahn, dem Bewältigen neuer Herausforderungen und Leistungsanforderungen helfen eigene Heimtiere, indem sie ausgleichend und stabilisierend wirken, als Co-Pädagogen im Unterricht schaffen sie Raum für individuelle Entfaltung und soziale Erfahrung.

Unter dem Begriff „Lernen" wird allgemein der individuelle oder kollektive Erwerb von geistigen, körperlichen und sozialen Kenntnissen, Fähigkeiten und Fertigkeiten verstanden. Intentionales Lernen erfolgt absichtlich, implizites Lernen beiläufig. Die moderne Lern- und Lehrforschung fordert mehr Beachtung einer angenehmen, entspannten Lernumgebung, um verständnisintensives Lernen, Eigenaktivität und Selbstkontrolle zu fördern. Wie gut tut da die Anwesenheit von Tieren im Unterricht! Lernen mit Tieren und durch Tiere gestaltet sich auch deshalb besonders effizient, da in einer entspannten Atmosphäre mit viel Raum für Motivation, Neugier und Kreativität die Entwicklung selbstgesteuerten Lernens stark gefördert wird. Wiederholungen des Gelernten sind aufgrund der Anwesenheit der Tiere immer sehr variantenreich.

Erziehung mit Tieren ist Erziehung zur emotionalen Gesundheit.

Kinder, die zu Hause keinen Kontakt zu Tieren haben oder besonders ängstlich sind, reagieren anfänglich auch bei Annäherung ausgebildeter Therapietiere zurückhaltend, brauchen Zeit, bis in ihnen der Wunsch nach Interaktion mit der Katze wächst. Langsame, vollkommen freiwillige Annäherung ist der Schlüssel für einen gelungenen Beginn der pädagogischen Intervention.

Aktivitätsbereiche

In der **Ebene des ersten Kontakts** wird Vertrauen aufgebaut. Nach einer unterschiedlich langen Phase der Betrachtung kommt es zur Kon-

taktaufnahme durch Ansprechen und/oder Berühren, Vertrauen wird aufgebaut. Durch Beobachtung der Bewegungen und den Wunsch nach Berührung kann bereits Verständnis für analoge Kommunikation, die Körpersprache aufgebaut werden. Ängste werden artikuliert, Motivation und Selbstwert steigen.

Ebene der Eigenaktivität: Bewusstes Streicheln fördert die Körperwahrnehmung, sensibilisiert auch für die Wahrnehmung der eigenen Grenzen. Kreative Spiele mit der Katze fördern das Kind in seiner Gesamtheit. Gemeinsames Erarbeiten von Spielregeln fördert Sozialkompetenz und Verantwortungsgefühl.

- Direkte Teilnahme der Katze: Fangspiele mit der Katzenangel, Spiele mit Bällchen, Fummelbrett, Raschelkiste etc. sind hoch motivierend und entsprechen natürlichen Verhaltensmustern der Katze, Trainieren von kleinen Kunststückchen (durch einen Reifen springen, Männchen machen, „Give me five", das Bewältigen eines kleinen Parcours) stärken die Mensch-Katze-Beziehung und das Zusammengehörigkeitsgefühl.
- Indirekte Teilnahme der Katze: Verständnis für die Verhaltensweisen schafft z.B. schminken wie eine Katze und danach „Katze sein" – sich strecken, putzen, anschleichen, spielen. Katzen aus verschiedensten Materialien basteln oder malen, Pantomime, Geschichten und Fantasiereisen rund um die Katze etc. schonen das Tier während eines Einsatzes.

Die **Ebene der komplexen Aktion** entspricht dem projektorientierten Unterricht. Hier sind Aufwand und Effekte am höchsten, Kompetenzsteigerungen nach einigen Wochen Arbeit statistisch erfassbar. Ein schönes Beispiel für katzengestützte Arbeit wird auf Seite 117 ausführlich dargestellt.

Beim **tiergestützten Spiel** sollte der Erzieher/Pädagoge Entwicklungsstand der Kinder und soziale Hintergründe kennen, alle Spiele, deren pädagogischen Wert und auch eventuelle Gefahren kennen, ausreichende Ressourcen in Bezug auf Raum, Zeit und Material zur Verfügung stellen. Schließlich gilt es zu leiten und zu begleiten, ohne zu unterbrechen. Dabei gilt es, mögliche Stresssignale des Tieres sofort zu erkennen und von Fall zu Fall so einzugreifen, dass die Katze mit einer freundlichen Verabschiedung ihre Ruhezone aufsuchen kann und die Kinder Verständnis dafür entwickeln.

Leben be-greifen – Marcello im Kindergarten

Dass es von herausragender Bedeutung für die kindliche Entwicklung ist, schon sehr früh positive Kontakte zu Tieren aufzunehmen, ist unbestritten. Genauso wird niemand bezweifeln, dass Katzen lärmempfindlich sind und leise Töne sehr schätzen. Wie passen aber 24 drei- bis fünfjährige Kinder und ein Kater zusammen? Bei guter Planung ist das kein Problem.

Der Besuch von Kater Marcello im Kindergarten Sonnenschein wird sehr gut vorbereitet. Geschichten über Katzen, bei denen man einiges lernen kann, Ballspiele im Garten und ein wunderschönes Katzenpuzzle verkürzen an diesem Tag die Wartezeit auf die beiden ganz besonderen Gäste. In einem Nebenraum darf sich der große Maine-Coon-Kater auf seine Arbeit vorbereiten. Er wird an der Leine durch das Zimmer geführt, studiert alle Gerüche, betrachtet die Einrichtung und springt dann auf die Bitte seiner zweibeinigen Teamkollegin auf den Tisch in der Mitte des Raums, auf dem seine Decke liegt.

Als die erste Kindergruppe kommt, liegt Marcello entspannt auf der Decke. Die Kinder, acht an der Zahl, stehen um den Tisch herum, ihre Köpfe und der des Katers befinden sich auf gleicher Höhe. Nach einer kurzen Phase des Betrachtens, während der Frau S. kindgerecht Wissenswertes über Katzen im Allgemeinen und ihren Marcello im Speziellen erzählt, wird bei den meisten Kindern der Wunsch nach Berührung unbezwingbar stark. Sie streicheln das große Tier von allen Seiten, betrachten die Ohren, die Schnurrhaare, die wunderschönen Augen. Ein kleines blondes Mädchen fasst Marcello mit beiden Händen am Hals und schaut ihm tief in die Augen. Der Kater duldet diese Unhöflichkeit sehr verständnisvoll und freundlich, blickt zur Seite und blinzelt seinem Frauchen zu. Das Füttern mit kleinen Trockenfutterstückchen bereitet den Kindern besonderes Vergnügen. Auch die Vorführung einiger Kunststückchen, die danach folgt, erleben sie mit Begeisterung. Miriam und Rana dürfen einen Reifen halten, durch den Marcello springt, Robert lockt ihn durch einen Rascheltunnel und bei Alina macht er sogar Männchen, um an ein besonders gutes Futterstückchen zu gelangen. Nach einer abschließenden kurzen Streichelrunde verabschieden sich die Kinder von ihrem neuen Freund und verlassen den Raum.

Dieser Ablauf wiederholt sich noch zwei Mal. 15 Minuten Tierkontakt für jedes Kind sind zwar nicht viel, aber die Kleinen sind um eine

Das kleine blonde Mädchen blickt Marcello tief in die Augen.

wichtige, sehr positive Erfahrung reicher, die in der nächsten Woche noch vertieft wird. Dafür wird gemeinsam ein Katzenlied einstudiert. „Miiiau, miiiau …“ klingt es bald aus 24 Kinderkehlen.

Happy und Joy in der Schule – zwei Kater besuchen die Handelsakademie

Soziale Lernprozesse mit Tieren sind im Kindesalter immer unbewusste Prozesse, im Jugendalter werden diese vertieft und hinterfragt. Da Gefühlsäußerungen von Tieren immer echt sind, besteht niemals die Gefahr der Enttäuschung durch Unehrlichkeit. Leider stellen gesunde Jugendliche in Bezug auf tiergestützte Pädagogik eine „vergessene“ Zielgruppe dar, nur selten werden Tiere als Erziehungshelfer bzw. bei schulischen Aktivitäten eingesetzt.

Die Jugendphase ist ein Lebensabschnitt, der die Entwicklung der Identität, des steuernden Kerns der Persönlichkeit, umfasst. Einstellungen und Werthaltungen zur Bewältigung der gegenwärtigen und zukünftigen Lebensaufgaben formen sich. Soziales Selbstkonzept und Selbstwertgefühl steuern in hohem Maße Handlungen und emotionale Verarbeitung von Ereignissen. Die Schule als persönlichkeitsformende Institution sollte die Fülle der positiven Effekte, die der Einsatz unserer tierischen Mitgeschöpfe bringt, gerade den Jugendlichen nicht vorenthalten.

Während im Volksschulalter die Buben Eltern und Erziehern häufiger Sorgen wegen Verhaltensauffälligkeiten und/oder Schulschwierigkeiten machen, kehrt sich im Verlauf der Pubertät das Geschlechtsverhältnis um. So sind 14-jährige Mädchen laut eigener Aussage wesentlich öfter als Burschen betroffen von

- allgemeinem Stress (nicht Schulstress),
- Unzufriedenheit mit dem eigenen Körper,
- Depression,
- emotional betonten Reaktionen auf Probleme im Leben,
- Schwierigkeiten, in der Schule neue Freunde/Freundinnen zu finden.

Diese erhöhte Belastung durch psychische Schwierigkeiten ist häufig mit verschiedenen gesundheitlichen Problemen gekoppelt. Generell sind die 14- bis 20-jährigen Frauen mit ihrer Gesundheit deutlich unzufriedener als die jungen Männer. Offenbar stellt die körperliche, seelische und soziale Reifung zur Frau größere Anforderungen und ist störungsanfälliger als der Prozess bei Männern.

Ob neuro-hormonale Ursachen oder soziale Faktoren dafür verantwortlich sind, ist in diesem Zusammenhang nicht von Bedeutung.

Sehr wichtig erscheint jedoch die Darstellung der Möglichkeit, durch den Kontakt mit Tieren Wege aufzuzeigen, die den Mädchen das Erwachsenwerden erleichtern können.

Die nachfolgenden Abbildungen zeigen die Synergieeffekte durch tiergestützte Pädagogik.

Synergieeffekte durch tiergestützte Pädagogik – Tierkontakte im Jugendalter I

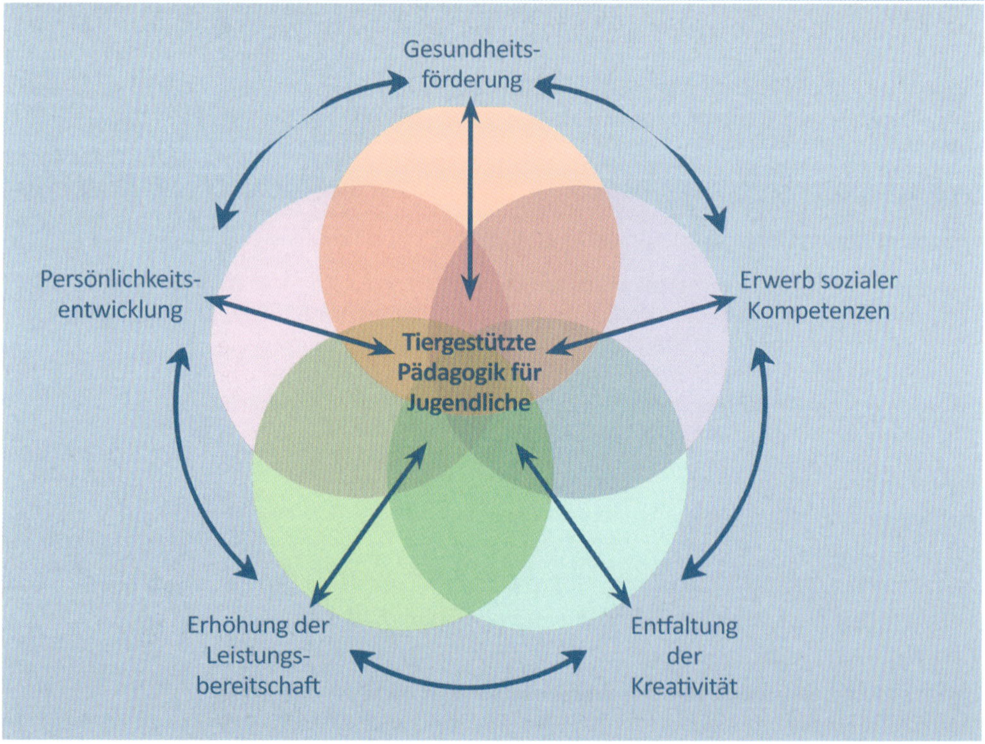

Synergieeffekte durch tiergestützte Pädagogik – Tierkontakte im Jugendalter II

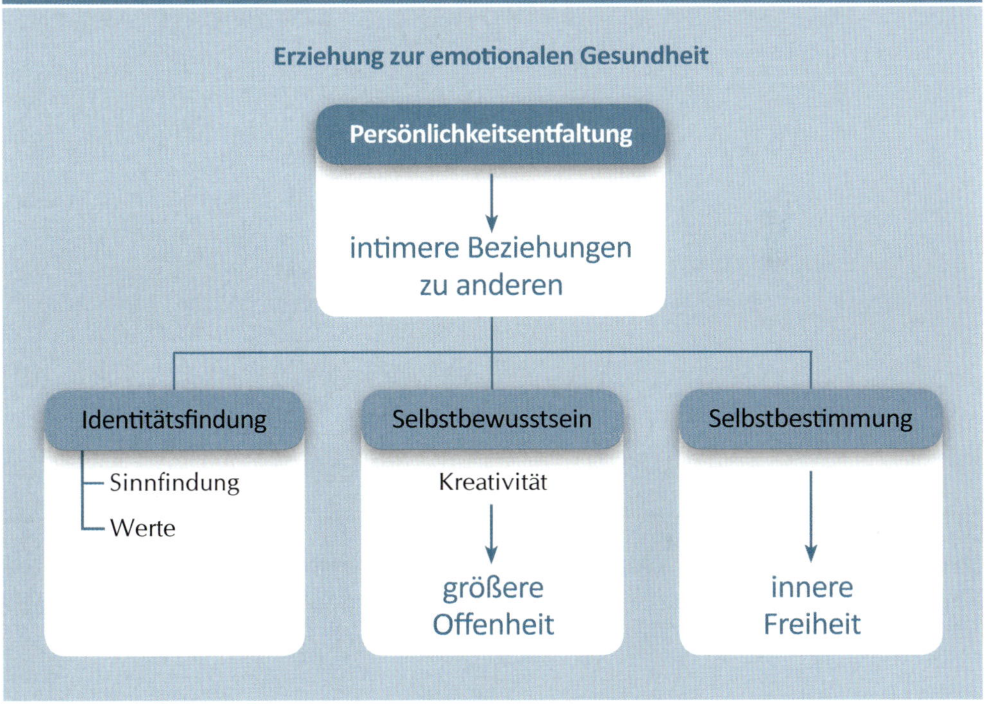

Das Erobern von neuem Raum ist eines der wesentlichen Merkmale von Jugendlichen. Viele der alten Freiräume wurden jedoch entweder zubetoniert oder wegorganisiert. Die „Cyberwelt" ist vielfach noch unbesetzt und daher eine beliebte Alternative, anderwärtiges Ausbrechen in Drogenkonsum, Bandenbildung, Gewaltakte oder oberflächliche Spaßkultur wird immer häufiger beobachtbar; Gameboy, TV-Gerät & Co. ersetzen Bezugspersonen.

Im Alter zwischen 14 und 17 Jahren erlebt der junge Mensch mit der Suche nach Identität nicht nur eine wesentliche Phase seiner Persönlichkeitsentwicklung, auch Nachreifungsschritte in der Sozialisation sind von Bedeutung. Kontakte mit Tieren in der Schule oder bei – durch die Schule ermöglichten – Freizeitaktivitäten bedeuten für viele Jugendliche empathische Begleitung, Mut zur Kreativität bei der Ent-

Projektunterricht mit Tieren

deckung neuer Ressourcen und Schaffung neuer Lehr- und Lernbedingungen. Der Aufbau neuer Bewusstseins-, Erlebens- und Verhaltensmöglichkeiten wird gefördert.

Die im folgenden Kapitel beschriebenen Unterrichtseinheiten mit Katzen fanden an der Vienna Business School Schönborngasse, einer Wiener Handelsakademie, im Unterrichtsfach „Persönlichkeitsbildung und soziale Kompetenz" statt. Die Rückmeldungen der Schüler waren durchwegs positiv, alle haben „tierisch viel" gelernt.

Während beim Unterrichtsprojekt **„Flüstertag"** zwei Katzen einen Vormittag lang als Gäste den Unterricht begleiteten, wurde bei der Einheit **„Wer ist klüger, Hund oder Katze?"** der Unterricht von den Schülern in Gruppenarbeiten selbst gestaltet.

Flüstertag – die Chemiestunde

Wenn der Aufwand höher ist als der Ertrag, ist es besser, eine Sache nicht zu tun. Was aber, wenn man den hohen Aufwand kennt, den möglichen – pädagogischen – Erfolg aber nicht prognostizieren kann? Keine Frage!

Bis auf drei Schüler outeten sich alle als Katzenfans. Ein Abbruch der tiergestützten Arbeit wäre jederzeit möglich. Also hinein ins Vergnügen!

Die „Vorkenntnisse" von Happy und Joy:

- Hervorragende Sozialisierung und Habituation (Kinder, Lärm)
- Stressfreies Autofahren in der Transportbox
- Neugierde, Zurechtfinden in neuer Umgebung
- Gute Bindung an die Bezugsperson, unbedingtes Vertrauen

Um sieben Uhr morgens wird die Klasse „besiedelt". Ein Rückzugsraum in Form eines abseits stehenden großen Tisches mit einer Höhle, zwei Katzentoiletten – vor Schüleraugen geschützt – hinter dem Lehrertisch, dazu Spielzeug, Wasser- und Futterstelle – alle diese Vorbereitungen sind getroffen, als die Kater den Raum gründlich inspizieren dürfen.

Von 7.45 bis 8.00 Uhr, während des Eintreffens der Schüler, befinden sich Happy und Joy in der großen, gesicherten Höhle, einem idealen Beobachtungsplatz, der von außen allerdings kaum einsehbar ist. Nach einer kurzen Vorstellung der Tiere und der Wiederholung der „Spielregeln" für den Flüstertag beginnt der Unterricht.

Die Einführung in das Thema Elektrolyse interessiert Happy nur peripher – er wechselt seinen Schlafplatz und legt sich auf seine Decke auf dem Lehrertisch. Joy hat für Theorie gar nichts übrig, er schläft tief und fest. Deutlich interessanter für alle Beteiligten ist die Arbeit mit den Molekülmodellen, beide Kater helfen bei der Zerlegung von Natriumchlorid und Wasser zur großen Freude der Schüler so tüchtig mit, dass wir Tage später noch einsame Wasserstoffatome hinter dem Heizkörper finden. Die Abschlusssequenz, das Anfertigen einer Skizze an der Tafel, bringt Happy auf den Höhepunkt seiner Kreativität – er lässt sich auf der Tafelablage nieder und versucht die Kreide zu erhaschen. So fasziniert haben selten 14-Jährige das Geschehen an der Tafel verfolgt!

Die nächsten beiden Stunden, Rechnungswesen, werden verschlafen, erst vom Englischunterricht gibt es wieder besondere Vorkommnisse zu melden: Die Professorin, eine richtige Lady und Katzenfreundin dazu, streichelt Happy, der neben ihr am Lehrertisch sitzt, ununterbrochen. Die Stunde vergeht im Flug, Professorin W. ist freundlich und entspannt wie selten und sie vergisst sogar, eine Hausübung zu geben.

Die Doppelstunde „Persönlichkeitsbildung und soziale Kompetenz" ist wie geschaffen dazu, die Mensch-Tier-Kommunikation zu vertiefen und viel Wissenswertes über Autodomestikation, Wesen und Bedürfnisse von Katzen zu erfahren. Genaues Beobachten, Fütterung, Streicheleinheiten und natürlich auch Spiel – vor allem mit der Katzenangel – kommen hier nicht zu kurz. Alle Tierkontakte basieren natürlich auf beidseitiger Freiwilligkeit, die Tabuzonen werden von den Schülern nicht betreten. Die am häufigsten gestellte Frage am Ende dieses Unterrichtstages ist leicht zu erraten: „Wann kommen die beiden wieder?"

(Bis zur nächsten, völlig anderen pädagogischen Arbeit mit Katzen in dieser Klasse sind – nicht zuletzt aus Tierschutzgründen – übrigens zwei Jahre vergangen.)

Wer ist klüger – Projektunterricht mit Hund und Katze

Im Lehrplan der ersten Klasse Handelsakademie/Handelsschule gibt es ein Unterrichtsfach mit dem Namen „Persönlichkeitsbildung und soziale Kompetenz". Es wird in Kleingruppen unterrichtet und umfasst unter anderem Bildungsziele wie Rücksichtnahme auf andere, Toleranz, Fähigkeit zur selbstständigen Problemlösung, Erlernen kreativer Arbeitstechniken, Teamfähigkeit, Übernahme von Verantwortung und Entwicklung von Eigeninitiative. Der in der Folge geschilderte Projektunterricht zum Thema „Problemlösen und Lernverhalten" umfasst zwei Unterrichtseinheiten und wird von den Schülern selbst gestaltet.

Für einen Arbeitseinsatz wie diesen sind nur ganz wenige Katzen geeignet. Zusätzlich zu den bekannten Qualitäten bedarf es großer Erfahrung in pädagogischer und/oder therapeutischer Arbeit bei geringer Ablenkbarkeit nebst unersättlichem Appetit. Letztgenannte Eigenschaft trifft zwar auf eine Menge Samtpfoten zu, die anderen Anforderungen sind jedoch sehr hoch gesteckt – natürlich nicht zu hoch für Marcello, einen Maine-Coon-Kater der Sonderklasse. Happy kennt diese Aufgaben schon, daher darf er hier nicht mitarbeiten. Gemeinsam mit seiner zweibeinigen Teamkollegin Wilma und einem geprüften Therapiehund ist Marcello Ehrengast und Kandidat beim Wettbewerb.

Kater Marcello tritt für die Katzen zum Test an.

Die Schüler bilden drei Teams, deren Aufgabe es ist, je einen Test vorzubereiten und mit den Tieren durchzuführen. Zunächst dürfen die beiden Tiere, die Papillonhündin Honey und Kater Marcello, den vorbereiteten Raum inspizieren, danach werden sie von den Schülern leise und zurückhaltend begrüßt, um zusätzliche Stressfaktoren zu vermeiden. Ein kleiner Grundkurs zum Thema Katzensprache und -verhalten regt während dieser Zeit zum Beobachten an. Das Publikum, einige Klassenkameraden, verhält sich besonders diszipliniert, die Bezugsperson ist immer vor Ort.

Testaufgabe eins: Das Versuchstier befindet sich hinter einer Gitterwand (Winkel 90 Grad). Mit Hilfe einer Spagatschnur wird vor den Augen des Tieres Futter durch das Gitter gezogen und ist somit sichtbar, aber nicht mehr erreichbar. Findet das Tier den Weg zum Futter? Marcello ist ein Superkandidat! Langsam, locker und entspannt spaziert er um das Gitter herum und tut so, als wäre diese Art der Nahrungsbeschaffung das Selbstverständlichste der Welt. Die Qualität seiner Leistung wird besonders deutlich, als Honey ohne eine Lösung zu finden aufgibt und das Frauchen Hilfe suchend ansieht. Chefin wird das Problem schon lösen! 1:0 für die Katzen!

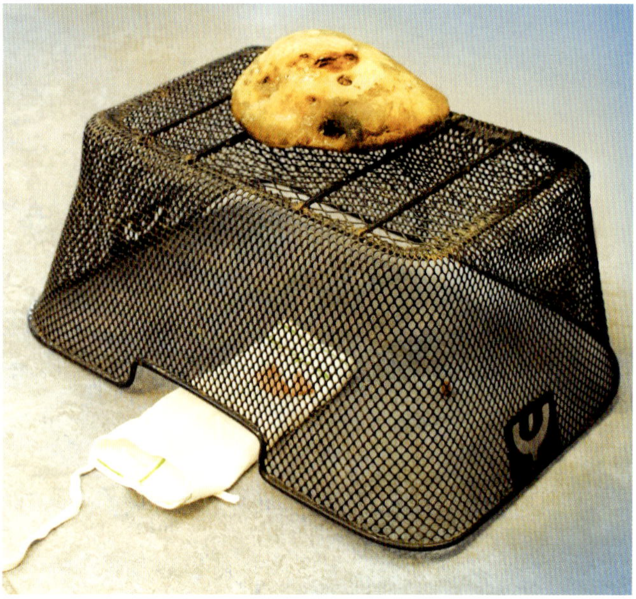

Die zweite Testanordnung

Auch den **zweiten Test** – das Lieblingsleckerli unter dem Drahtkorb ist nur durch Ziehen an einem Tuch hervorzuholen – schafft der Kater mit Bravur! Alle schauen ihm fasziniert zu, als er den umgedrehten Fahrradkorb einmal umrundet, die Lösung erkennt und das Tuch mit dem Leckerli elegant mit der Pfote hervorholt. Hunde versuchen diese Aufgabe in der Regel eher durch Versuch und Irrtum als durch Einsicht zu lösen, so auch Honey. Nach mehreren Umrundungen und Angelversuchen erwischt sie das Tuch mit der rechten Pfote und zieht es zu sich. 2:1!

Bei der **dritten** und letzten **Aufgabe**, dem Deckeltest – Fleischhäppchen in der Futterschüssel werden vor den Augen der Tiere mit Karton abgedeckt – schlagen Hunde normalerweise Katzen um Längen. Auch bei diesem Wettbewerb ist es so. Marcello riecht das Futter, interessiert sich dafür, kann – oder will? – den Karton aber nicht entfernen. Honey hingegen kratzt mit beiden Pfoten wie wild und kommt in Sekundenschnelle zu ihrer Belohnung. Welch erfreuliches Ergebnis, es steht 2:2 im Wettbewerb Hund gegen Katze! Ich bin sehr stolz auf meine Schüler und die Co-Pädagogen.

Auch das Führen der beiden Ausnahmetiere durch einen Parcours, bestehend aus Tunnel, Slalom und Hochsprung, wird den Jugendlichen noch lange in Erinnerung bleiben. Zum Abschluss zeigt Honey mit ihrer Besitzerin noch eine qualitätvolle Dogdance-Vorführung und Marcello erklärt sich bereit, durch einen Reifen zu springen. Der Prüfungsstoff zum Thema Lerntheorien mit Erklärungen und Versuchen zu Prägung, klassischer und operanter Konditionierung, Modellernen und kognitivem Lernen bleibt den Schülern noch lange in lebendiger Erinnerung. Lernen kann so schön sein!

Tiergestützte Heilpädagogik – Besuch von Kater Zimti

Der Begriff „Heil"pädagogik leitet sich vom griechischen Wort „holos" ab und bedeutet „ganz", aber auch „Glück". Da die Betrachtungsweise in der tiergestützten Arbeit immer ganzheitlich-ressourcenorientiert ist, sind pädagogische/therapeutische Angebote besonders vielversprechend.

In den Monaten Februar, März und April 2011 wurde ein von Barbara Wirnsperger entwickeltes Arbeitskonzept **„Besuch von Kater Zimti"** in einer Wohneinrichtung für Menschen mit geistigen und körperlichen Behinderungen durchgeführt und evaluiert. Da dieses wegweisende Projekt bei entsprechender Adaptierung auch in Kindergärten und Volksschulen mit großem Erfolg durchgeführt werden könnte/sollte, wird es an dieser Stelle etwas ausführlicher dargestellt.

Die pädagogischen Ziele variieren von Einheit zu Einheit, werden aber hier in ihrer Gesamtheit wiedergegeben:

- Training feinmotorischer Fähigkeiten und der Auge-Hand-Koordination
- Sensibilisierung der Wahrnehmung, Förderung der Tiefensensibilität
- Erhöhung der Konzentration, z.B. beim Zuhören
- Mut zum kreativen Ausdruck, Förderung von Erfolgserlebnissen im kreativen Ausdruck
- Steigerung der Aktivität/Bewegung der Gruppenmitglieder
- Verbesserung der Kommunikationsfähigkeit

- Beachtung der Interessen und Bedürfnisse der Gruppenmitglieder
- Schaffung von Erfolgserlebnissen für alle teilnehmenden Personen
- Entwicklung und Steigerung von Interesse und Neugierde an Katzen
- Verständnis in Bezug auf Körperhaltung, Mimik und Lautäußerungen der Katze
- Erfahrungen im Umgang und Achten der Bedürfnisse des Katers
- Steigerung der Lebensqualität durch Freude und Spaß

Heimbewohner Mandi sucht Körperkontakt zu Kater Zimti.

Vorprojektphase

Nach der Erstellung des Konzeptes wurden die wohlwollende Genehmigung des Vorhabens bei der Leitung der Institution eingeholt, die räumlichen und zeitlichen Rahmenbedingungen definiert und die Auswahl der Teilnehmer (inkl. Einverständniserklärungen der Personen bzw. ihrer Sachwalter) vorgenommen. Parallel dazu fand die Vorbereitung des Katers statt, die die Prüfung zum Therapietier und das Kennenlernen des Arbeitsumfeldes beinhaltete.

Der vierjährige Kater Zimti ist ein überaus verspielter und geselliger Kater mit einem ausgeglichenen Wesen. Er genießt Streicheleinheiten, auch von fremden Menschen, sehr. Bei entsprechender Futterbelohnung ist das Tier sehr gut zu motivieren. Die Arbeitsaufgaben innerhalb der Einheiten sind natürlich auf sein Temperament zugeschnitten!

Die Klientengruppe bestand aus vier mental retardierten Personen im Alter von 40 bis 50 Jahren, eine davon im Rollstuhl. Eine Besuchseinheit dauert zwischen 45 und 55 Minuten. Diese Flexibilität ist notwendig, um den Kater nicht zu überfordern und damit er langfristig motiviert für tiergestützte Arbeit bleibt. Außerdem soll das Konzentrationsvermögen der teilnehmenden Personen nicht überbeansprucht werden.

Für jede Arbeitseinheit typische Maßnahmen bzw. Vorbereitungen sind die Aufstellung der Katzentoilette und der Wasserschüssel, die Gestaltung eines Rückzugsbereichs für Kater Zimti, die Anordnung der für die Einheit nötigen Requisiten, das Schließen der Fenster und Türen.

Vor dem Beginn jeder Einheit gibt es ein Ritual, das darin besteht, dass ein Teilnehmer ein Katzenschild an der Tür befestigt, nach dem Ende jeder Einheit wird es entfernt. Da Zimti ohne Katzengeschirr oder gar Leine arbeitet, ist dadurch die Störungsfreiheit und damit die Sicherheit gewährleistet. Am Beginn und Ende jeder Einheit gibt es die Möglichkeit zur freien Begegnung mit dem Tier. Bei den vorbereiteten Übungen sitzen die Teilnehmer an einem Tisch, auf dem eine Decke für den Kater liegt. Viel Zeit wird aufgewendet, um alle Inhalte der vorhergehenden Einheiten zu wiederholen.

Die Themenschwerpunkte der Besuchseinheiten

In der **ersten Einheit** – ohne Katze – wird den Teilnehmern das Programm mitgeteilt, es werden Gespräche über eigene Erfahrungen geführt und mittels Katzenpuzzle, Katzenbildern und Geschichten von Kater Zimti Neugierde und Interesse geweckt. Um die motorischen Fertigkeiten zu schulen, wird gemeinsam ein Katzenschild gebastelt, das zukünftig zu Beginn jeder Einheit an die Eingangstür geklebt wird.

In der **zweiten Einheit** kommt es zur ersten freien Begegnung zwischen dem Kater und den Klienten. Durch Füttern, Bürsten und Streicheln des Tieres werden Auge-Hand-Koordination und Feinmotorik geschult. Die Körperteile des Tieres werden einzeln benannt. Ein Plakat, auf dem wichtige Vereinbarungen in Wort und Bild festgehalten sind, wird erstellt (Fenster schließen, warten, bis der Kater von selbst kommt usw.).

In der **dritten Einheit** steht kognitive und kommunikative Leistung rund um den Körper der Katze im Mittelpunkt des Interesses, die Körperteile einer Katze werden wiederholt genannt, Krallen, Schnurrbarthaare etc. gezählt. Praktische Übungen mit dem Kater (Kater locken, Slalom) erhöhen die Aktivität und Beweglichkeit aller Gruppenmitglieder.

In der **vierten Einheit** ist die Sensibilisierung der Wahrnehmung für die differenzierte Mimik der Katze zentrales Thema. Mittels einfachen Bildkarten-Puzzles von Katzengesichtern werden Emotionen hinterfragt und diskutiert. Zudem wird, nach einer Beobachtungsübung bei Kater Zimti, von der Gruppe versucht, den jeweiligen Gesichtsausdruck der Katze nachzuahmen. Eine lustige Fütterungsübung, bei der die Wahrnehmungskanäle sensibilisiert und die Sinne der Katze thematisiert werden (duftende Leckerlis werden unter Bechern versteckt), bildet das Ende dieser Arbeitseinheit.

Kater Zimti begutachtet das selbst gebastelte Fummelbrett.

In der **fünften Einheit** werden Körperhaltung und Körperausdruck thematisiert. Gruppenmitglieder versuchen in Rollenspielen unter Anleitung eine schlafende, verärgerte, spielende Katze darzustellen. Kater Zimti wird sehr genau beobachtet und sein Verhalten interpretiert. Zur Verfeinerung der Motorik und zur Freude des Katers entsteht eine Raschelkiste, gefüllt mit selbst gefertigten Papierkugeln, in die eine abgezählte Anzahl Leckerlis gelegt wird. Findet Zimti alle?

Die **sechste Einheit** beschäftigt sich mit den Lautäußerungen der Katze. Dazu wird Tonmaterial bereitgestellt und der Kater beobachtet, danach erfolgt die Interpretation und Nachahmung der Laute. In Vorbereitung der anschließenden Übung „Katzenfummelbrett" wurde bereits im Vorfeld Material gesammelt und das Abenteuerbrett gestaltet. Jetzt wird es mit Leckerbissen bestückt und der Kater motiviert, diese zu erbeuten.

Die **siebente Einheit** ist der Ernährung der Katze gewidmet. Mit Hilfe von Piktogrammen und Flipchart wird Nahrung in Kategorien getrennt und bewertet. Zimti dient als „Testperson" für Katzenfutter. Die Übung „Fummelbrett" wird aufgrund des großen Erfolges wiederholt.

In der **achten Einheit** begeben sich die Teilnehmer, nach ausgiebigem Streicheln des Katers, auf eine entspannende Fantasiereise. Auf einer wunderschönen Blumenwiese mit Käfern, Bienen und Schmetterlingen treffen sie auf eine ganz besondere Katze. Wie sieht sie aus? Was erzählt sie? Die Klienten werden gebeten, ihre Gedanken mittels eines selbstgemalten Bildes auszudrücken.

In der **neunten Einheit** wird mittels verschiedener bereitgestellter Materialien unter Anleitung auf dem Tisch ein Hindernisparcours gestaltet, der Kater wird motiviert, diesen zu bewältigen. In der darauffolgenden Reflexion werden die Zusammenarbeit in der Gruppe, weitere Gestaltungsmöglichkeiten und das Verhalten des Katers analysiert. Zum Abschluss des Projekts und zur Erinnerung gestalten alle Teilnehmer gemeinsam eine Fotocollage, die in der Institution verbleibt. Der Kater wird liebevoll verabschiedet.

Als **Evaluationsmethode** wurde die qualitativ teilnehmende Beobachtung gewählt. Dieser Methode der Feldforschung wurde der Vorzug gegeben, da die aktive Beteiligung und der direkte, intensive Kontakt zu den Klienten gegeben ist. Die Protokollierung der Ergebnisse erfolgte mittels selbst erstelltem Beobachtungsbogen. Soziale, emotionale

Die grafische Darstellung (Barbara Wirnsperger) zeigt deutlich eine Verbesserung der kommunikativen Fähigkeiten der Teilnehmer.

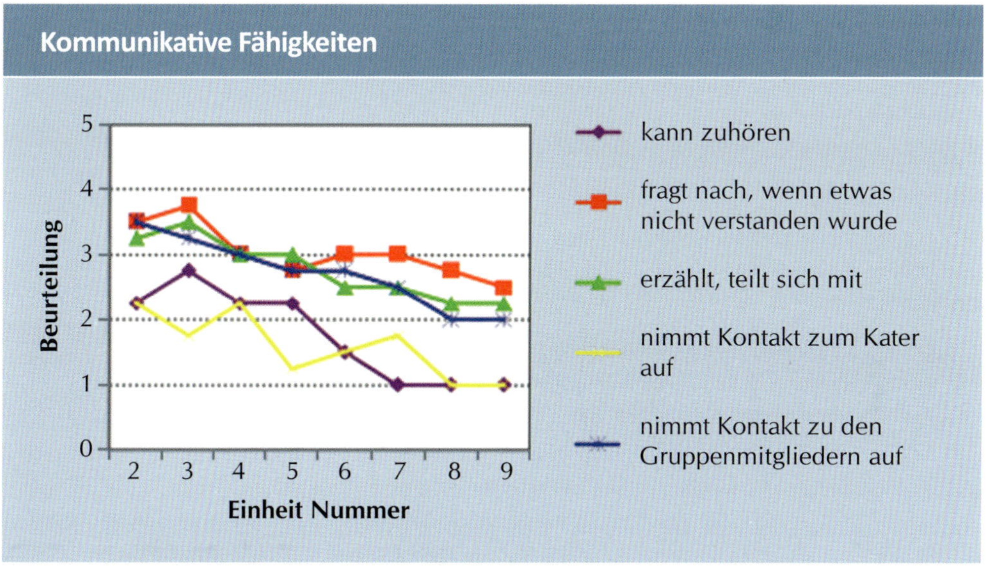

und kommunikative Fähigkeiten wurden ebenso erfasst wie Konzentration, Interesse und Motivation. Die Auswertung des Katzenbesuchsprogramms brachte durchwegs positive Ergebnisse.

Alle Teilnehmer erhielten bezüglich ihres Umgangs mit dem Tier Bestnoten, jeder bemühte sich, behutsam zu sein und befolgte alle Anweisungen in Bezug auf Kraftdosierung beim Halten, Druck beim Bürsten usw. Bei der Entwicklung der sozialen Fähigkeiten wurde eine – wenn auch langsame – Steigerung in allen Bereichen festgestellt. Im Bereich der kognitiven Leistungen ist eine bemerkenswerte Zunahme der Konzentrationsfähigkeit zu vermerken. Die größte Verbesserung wurde im Bereich Kommunikation erzielt. Die beobachteten Parameter sind in der Darstellung auf Seite 121 verdeutlicht. Die Bewertung erfolgte nach dem Schulnotensystem.

Zusammengefasst kann gesagt werden, dass sich Katzen, berücksichtigt man alle im Vorfeld genannten Parameter, sehr gut für die Arbeit mit Menschen mit Behinderung eignen.

Die Katze in der Psychotherapie

Das älteste in der Literatur erwähnte Beispiel tiergestützter Psychotherapie ist bereits über 200 Jahre alt. In der Grafschaft York gründete eine Quäkergruppe, die „Society of Friends", eine Anstalt für geistig beeinträchtigte Menschen. Damals war es üblich, Menschen in „Irrenhäusern", in denen oft unerträgliche Zustände herrschten, wegzusperren. Hier hingegen wurde auf revolutionär wegweisende Art versucht, den Gesundheitszustand und die Befindlichkeit der Kranken durch eine angenehm entspannende Atmosphäre zu verbessern. Es gab keine Anstaltsuniform, und die Klienten versorgten Garten- und Nutzpflanzen sowie verschiedene Arten von Kleintieren. Leider wurde dieses Modell, trotz großer Erfolge, nicht weitergeführt und als „unwissenschaftlich" abqualifiziert. Auch als 100 Jahre später im deutschen Bethel

bei Bielefeld oder ab 1942 im Army Force Convalescent Hospital in New York mit ähnlichen Konzepten der Beobachtung und Versorgung verschiedener Tiere Meilensteine tiergetragener Psychotherapie gesetzt wurden, erstellte man keinerlei Dokumentationen, um diese wertvollen Behandlungserfahrungen nachvollziehbar zu machen. Erst Jahrzehnte später brachten die bereits erwähnten Veröffentlichungen des Kinderpsychotherapeuten Boris Levinson den Stein ins Rollen. Mehr und mehr wissenschaftliche Studien belegen heute, was die „Society of Friends“ vor 200 Jahren längst wusste: Tiere tun der Seele gut.

Heute leben auf dem Gelände vieler psychiatrischer Kliniken Tiere in Freigehegen, eigenen Gebäuden, wo sie von den Klienten alleine oder mit fachlicher Betreuung besucht werden können oder auch direkt auf den Stationen. Katzen sind, beachtet man alle in Kapitel „Tiergestützte Interventionen“ (S. 64 f.) genannten Bedingungen, „ideale“ Stationstiere, vor allem in der Kinder- und Jugendpsychotherapie wird versucht, durch sie ein wenig familiäre Atmosphäre und Gemütlichkeit in den Klinikalltag zu bringen. Die Katzen sind dabei ein Baustein eines umfassenden Psychiatriekonzeptes. Bereits die Beobachtung der Interaktion zwischen Patient und Tier kann von enormem diagnostischen Nutzen sein. Die vierbeinigen Helfer vereinfachen als soziale Katalysatoren den Aufbau tragfähiger Beziehungen zwischen Patienten und Therapeuten, dienen als Rollenmodelle für wertvolle Lernerfahrungen, lenken ab und erfreuen die Seele.

Die Katze als Antidepressivum

Auf dem Gelände einer psychiatrischen Klinik in Niederösterreich wohnen in einem ehemaligen Stallgebäude vier Katzen. Sie leben dort auf mehreren Etagen, im Erdgeschoß steht ihnen ein Abenteuerplatz zur Verfügung, wo die Tiere spielen, sich verstecken oder auch einfach nur dösen können. Eine Schubkarre, gefüllt mit duftendem Heu, Strohballen, Kartons zum Verstecken und vielem mehr, was das Katzenherz höher schlagen lässt, ist hier vorhanden. Im ersten Stock befinden sich zwei Räume mit Futterplatz, einem gemütlichen Sofa, einem Tisch mit Sesseln, einem Kratzbaum, Katzentoiletten und Spielzeug. Der Dachboden mit Balkon ist ein sehr beliebter Aussichts- und Beobachtungsplatz. Die drei Kater und das weibliche Tier sind Angestellte der Klinik – ihr Gehalt wird allerdings in leckeren Naturalien ausbezahlt. Ein Pfleger füttert und betreut die Tiere gut, sodass Patienten sie gemeinsam mit Fachkräften im Rahmen einer tiergestützten Therapie aufsuchen können. Den Patienten wird diese Therapieform angeboten, wenn sie mit Tieren arbeiten möchten, stehen geprüfte Hunde, Schafe, aber auch Kleintiere wie Kaninchen und Meerschweinchen – und eben die Katzen zur Wahl. Sie werden hier artgerecht – zum Teil sogar von den Patienten selbst – versorgt.

Hier ein Beispiel aus dem Klinikalltag:

Jede Bewegung des Katers Isidor wird von Herrn Z. genau verfolgt.

Herr Z., 45 Jahre alt, wegen Depressionen stationär aufgenommen, möchte gerne ins Katzenhaus gehen. Er ist durch einen schweren Unfall, den er als Kind hatte, motorisch eingeschränkt, aber agil, sehbehindert und hat Sprachstörungen. Obwohl er sehr an menschlichen Kontakten interessiert und kommunikationsbereit ist, wird er aufgrund seiner Ich-Bezogenheit vielfach abgelehnt und ist vom Leben enttäuscht, was seine Depressionen noch verstärkt.

Die Therapeutin stellt ihm folgende Aufgabe: Herr Z. möge sich ruhig ins Katzenzimmer setzen, sich ein Tier für eine nähere Beobachtung auswählen und dieses charakterisieren, seine Persönlichkeit näher kennenlernen. Herr Z. ist von der Idee begeistert. Er konzentriert sich, versucht jede Körperbewegung zu kommentieren und zu interpretieren, nimmt sich selbst zurück. Dieses Sich-Hineinfühlen, Sich-Versenken in ein anderes Lebewesen trägt Früchte. Die Kommunikation mit der Therapeutin ist so gut wie nie zuvor, es kommt zu einer deutlichen Steigerung der Befindlichkeit.

Als Herr Z. beim nächsten Termin bittet, wieder eine Katze beobachten zu dürfen, wird ihm die Bitte gewährt. Wieder fühlt er empathisch mit dem Tier, prägt sich die Körpersignale genauestens ein, befasst sich fasziniert mit der Erstellung des Persönlichkeitsprofils. Erneut endet die Einheit mit einer Erhöhung des Selbstwertes, aus Freude und Stolz über die Arbeitsleistung.

Als Herr Z. beim Verlassen der Klinik einen Feedback-Bogen ausfüllt, nennt er die Charakterisierung der beiden Kater Orpheus und Isidor als die für ihn therapeutisch wertvollste Erfahrung.

Depressive Stimmungslagen sind mit Antriebslosigkeit, Niedergeschlagenheit, Müdigkeit, Konzentrationsproblemen und auch suizidalen Vorstellungen verbunden. Oft entsteht ein Teufelskreis – geringe Neigung bzw. Fähigkeit zur Kommunikation bedingt Einsamkeit, Alleinsein macht depressiv. Hier können Katzen ganz unmittelbar helfen. Studien von Prof. Dennis Turner et al. belegen, dass Katzen die innere Hemmung, zwischenmenschliche Kontakte einzugehen, senken sowie Ängstlichkeit und Selbsterleben negativer Stimmungslagen vermindern. Interessanterweise sind diese Effekte unabhängig von der Intensität der Bindung zwischen Mensch und Tier. Laut einer Studie des psychologischen Instituts in Bonn (Prof. Bergler) zeigt sich die therapeutische Funktion der als Heimtier gehaltenen Katze am besten in Lebenskrisen. Arbeitslosigkeit oder Stress am Arbeitsplatz, schwere Erkrankungen, Konflikte in der Familie, Trennungserlebnisse etc. bewirken eine Intensivierung der Kommunikation mit der Katze, messbar besseres Krisenmanagement im Sinne von aktiv-bewältigend statt resignativ-depressiv wie in der „katzenfreien" Kontrollgruppe ist die Folge.

Körperwärme und Schnurren – Besuch bei schwerstbehinderten Menschen

Konzepte, Maßnahmen und Hilfseinrichtungen für Menschen mit Beeinträchtigungen werden, obwohl dies eine wesentliche sozialpolitische Aufgabe der gesamten Gesellschaft wäre, häufig von kirchlichen und anderen karitativen Organisationen erstellt. Förderung und Hilfe bei Kleinkindern setzt im Bereich der Frühförderung an, geht über in Sonder- und heilpädagogische Maßnahmen, für Erwachsene stehen Angebote für medizinische Rehabilitation und andere Hilfsleistungen zur Verfügung. Der folgende Bericht handelt von einem Besuch des

Menschen mit Schwerstbehinderung brauchen Berührung und Körperkontakt.

Therapiekaters Marcello in einer Tagesstätte für schwerstbehinderte Menschen. Sie sind Bewohner von Heimen oder werden privat versorgt und verbringen den Tag in der Institution, um ihren Bedürfnissen entsprechend gepflegt und gefördert zu werden. Da die Komplexität der Beeinträchtigungen, die diese Menschen aufweisen, sowohl körperliche als auch kognitive, emotionale, kommunikative und soziale Fähigkeiten betrifft, die sich oftmals gegenseitig bedingen bzw. verstärken, sind sie auf ständige Betreuung angewiesen. Entstehen kann eine solche Schwerstbehinderung in jedem Alter und kann, abgesehen von genetischen Ursachen, jeden Menschen treffen. Oft verursachen Unfälle oder schwere Infektionskrankheiten diese Kumulation von Beeinträchtigungen.

Wie kann und soll ein Förderkonzept für diesen Personenkreis aussehen? Ein kompetenzorientierter Ansatz, der auf vorhandenen Fähigkeiten und Sinnesleistungen aufbaut, ist neben der notwendigen defizitorientierten Betreuung und Pflege ideal. Die tiergestützte Therapie setzt in diesem Bereich an, denn Menschen mit Schwerstbehinderung brauchen körperliche Nähe. Berührung und Körperkontakt ermöglichen unmittelbare Erfahrungen, helfen auf einfache Weise, mit der Umwelt in Kontakt zu treten, machen emotionale Erlebnisse möglich und steigern die Lebensqualität.

Ein Beispiel zeigt, welche Erfolge möglich sind.

Der Eingang zum Tageszentrum ist sehr freundlich und einladend gestaltet. Wenn man durch die Glastüre tritt, fällt zunächst die liebevoll gestaltete Collage auf, die alle Mitarbeiter zeigt. Kleine runde Fotos bilden das Zentrum jeder Papierblüte, der Strauß symbolisiert die Gemeinschaft des Teams. ‚Herzlich Willkommen' steht auf einem Schild, das den Weg durch den Gang, der zum Aufenthaltsraum führt, weist. Marcello wird in der Box an Türen vorbeigetragen, die zu Therapieräumen führen, wo durch basale Stimulation primäre Erfahrungen ermöglicht werden. Der große, lichtdurchflutete Aufenthaltsraum befindet sich neben dem kleinen Snoezelenzimmer, einer bequemen Sitzlandschaft mit visuellen und akustischen Effekten zur Verbesserung der sensitiven Wahrnehmung und zur Entspannung. Marcello kennt diesen Raum sehr gut, trotzdem darf er jedes Mal, bevor die Therapiearbeit beginnt, seine Erkundungsrunde gehen. Er geht im Kreis und nimmt alle Informationen, die ihm wichtig sind, olfaktorisch, visuell und akustisch auf. Dann wendet er sich seiner Bezugsperson zu, als wollte er sagen: „Worauf wartest du, wir können anfangen!" Alle sechs Personen im Raum sind sowohl in ihrer Bewegungsfähigkeit als auch in Wahrnehmung und Kommunikation erheblich eingeschränkt.

Marcello wird zu einem jungen Mann geführt, der – skoliosebedingt – schräg auf einem großen, bequemen Sitzsack platziert wurde, da aufgrund seiner spastischen Tetraparese eine andere Sitzposition mit Schmerzen verbunden wäre. Eine schwere geistige Behinderung macht neben der Beeinträchtigung der Sprech- und Schluckmuskulatur eine Kommunikation fast unmöglich. Auffallend ist sein stereotypes Daumenlutschen und Speicheln. Dieser Versuch, körperliche Identität über den sinnlichen Selbstbezug zu gewinnen, verhindert jede Weiterentwicklung. Marcellos Aufgabe ist es, durch seine Wärme, sein weiches Fell, seine ruhige Atmung den Patienten zu entspannen und dessen Konzentration auf sich zu richten.

Nach einer Weile, Marcello ruht quer auf dem Schoß des Mannes, nimmt mit zunehmender Entspannung die Verkrampfung der Skelettmuskulatur spürbar ab. Er nimmt seine Hand aus dem Mund und legt sie langsam auf den Rücken des Katers. Die Aufmerksamkeit wendet

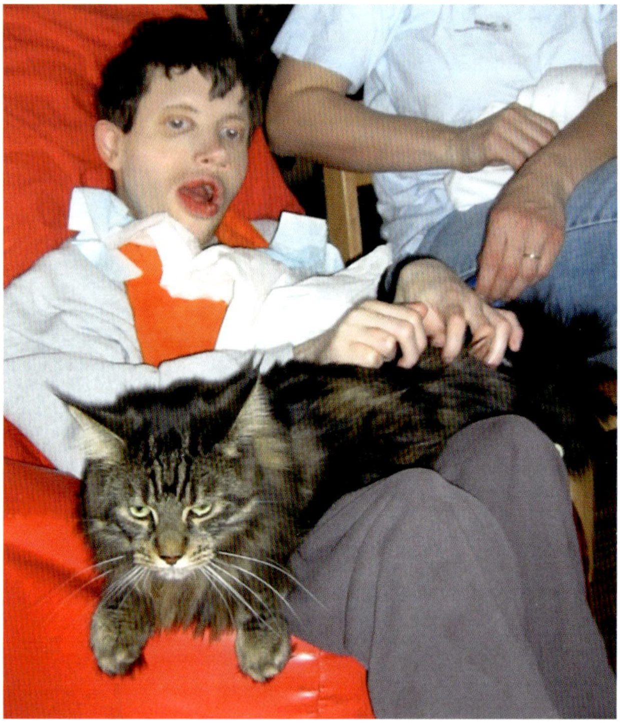

sich dem Kater zu, er beobachtet das Ohrenspiel des Tieres und seine Kopfbewegungen. Ein guter Beobachter sieht eine Aufhellung der Gesichtszüge – Marcello ist, einem Menschen kaum möglich, zu ihm durchgedrungen. Als die Betreuerin das Tuch auf seiner Brust, das den Speichel aufnimmt, der aus der Mundöffnung austritt, wechselt, muss sie nicht vorher die Hand entfernen, denn diese befindet sich in Streichelposition an der Schwanzwurzel des schnurrenden Tieres. Nach etwa 30 Minuten wird die Arbeitseinheit vorsichtig und langsam beendet, der Kater in die Transportbox gebeten. Noch bevor das Therapieteam die Institution verlassen hat, ist der Klient ruhig und entspannt eingeschlafen.

Im Gegensatz zu den menschlichen Therapeuten vermag Kater Marcello zu dem jungen Mann durchzudringen.

Katzen und alte Menschen

Meine Mutter, die meine Liebe zu den Katzen erweckt und vertieft hat, verstarb vor sechs Jahren an ihrer schweren Herzerkrankung. Aufgrund genetischer Disposition, aber auch aufgrund ihres anstrengenden Lebens als berufstätige Alleinerzieherin sank ihre Herzleistung am Ende auf 17 % vom Normalwert. An ihrem Beispiel möchte ich die Wunder, die durch die Liebe ihres einäugigen Katers Felix tagtäglich geschehen sind, erläutern und interpretieren.

Beim Frühstück sitzt Felix auf dem Küchentisch, neben seiner Retterin, die ihn schwer verletzt und erschöpft vor Jahren am Straßenrand gefunden und nach Hause getragen hat. Es ist die beste Zeit am Tag, da hat der Körper noch ein wenig Energie. Gemeinsam schauen die beiden aus dem Fenster, im Winter beobachten sie die Vögel im Futterhäuschen, im Sommer die Schmetterlinge auf den Blumenbeeten. Das lässt den Verlust der Freunde, die aufgrund der Krankheit immer seltener kommen, und den Verlust der Kompetenz, ihrer vielen Fähigkeiten, vergessen, Felix führt ins Hier und Jetzt, in die Gegenwart. Der Augenblick wird wertvoll. Auch die Angst, der ständige Begleiter vieler herzkranker Menschen, ist spürbar geringer. Der soziale Kontakt während der Mahlzeit regt den Appetit an.

Die Alltagsroutine am Vormittag wird immer wieder von Pausen unterbrochen, in denen Felix gestreichelt wird. Der Wunsch nach Berührung, nach Zärtlichkeit ist ein Grundbedürfnis jedes Menschen; alte und einsame Menschen, die zu wenig davon erhalten, finden durch die Zuneigung und Liebe ihrer Tiere eine entscheidende emotionale Stütze. Die Frage: „Wozu der Aufwand, ich kann und will nicht mehr?“, stellt sich daher kaum, denn die Bedürfnisse des Haustieres müssen ja befriedigt werden.

Felix, der Therapeut

Nachmittags begeben sich die beiden ins Wohnzimmer, liegen aneinandergeschmiegt auf dem Sofa und ruhen. Felix schnurrt laut und ausdauernd. Er ist Mamas wichtigster Grund, am Morgen wieder aufzuwachen.

Wissenschaftliche Untersuchungen belegen seit langem eindrucksvoll, wie Katzen die Herzfrequenz senken, den Blutdruck, Stressparameter und auch Cholesterinwerte positiv beeinflussen – dass die liebevolle Beziehung auch durch Ablenkung und Beschäftigung mit dem Tier eine Schmerztherapie darstellen kann, ist weniger bekannt. Die Fürsorge gibt Sinn, das Wissen, gebraucht zu werden, holt die Gedanken aus der Vergangenheit in die Gegenwart, nimmt die Angst vor der Zukunft.

Laut einer britischen Studie klagten ältere Menschen, nachdem sie sich eine Katze oder einen Hund nach Hause geholt hatten, deutlich weniger häufig über Beschwerden wie Schlaflosigkeit, Gliederschmerzen, Angst, Müdigkeit oder Herzklopfen. Eintausend Senioren, die ein Jahr lang an einer Studie des kanadischen Gesundheitsamtes teilnahmen, wurden zu ihrer Eigenständigkeit im täglichen Leben befragt. Während die Fähigkeiten der Menschen ohne Haustier kontinuierlich nachließen, blieben die Leistungen der Tierbesitzer im Wesentlichen stabil, und zwar bei Hunde- und Katzenbesitzern!

Die Katze als Antidepressivum – Fröhlichkeit im Seniorenalltag

Wenn ein Leben in den eigenen vier Wänden nicht mehr möglich ist, weil der Pflegebedarf höher wird oder man der Einsamkeit entfliehen möchte, steht die Aufnahme in ein Altenheim ins Haus.

Das Seniorenheim Neumargareten ist ein unglaublich freundlicher, lebendiger Ort. Wunderschöne Blumen im Eingangsbereich, eine Grünanlage mit gemütlichen Sitzplätzen, eine Bibliothek mit zwei lustigen Meerschweinchen, die gerne besucht werden dürfen, ein Kaffeehaus, der Friseur, ein Veranstaltungsraum mit vielen abwechslungsreichen Angeboten und sogar ein Kindergarten befinden sich im Haus. Eine Besonderheit stellt die private Katzenhaltung im Haus dar. Nichts ist schöner, als die Mitnahme seines oft schon in die Jahre gekommenen schnurrenden Seelenfreundes, wenn der Umzug in ein Seniorenappartement ins Haus steht. Die Institutionen erfüllt hier eine großartige Vorbildfunktion.

Auch in anderer Hinsicht agiert die Heimleitung wegweisend. Schon seit vielen Jahren wird in vierzehntägigem Abstand ein Tierbesuchsdienst mit Hunden, Katzen und Kaninchen organisiert, den die Bewohner immer mit großer Freude erwarten. Auch Einzelbetreuungen von Patienten der Pflegestation werden auf Verlangen fallweise durchgeführt.

Im Therapiezimmer der Seniorenwohnanlage werden Vorbereitungen für einen heiß ersehnten Besuch getroffen; drei Tische werden geholt und aneinandergestellt, ein rutschfestes Tuch darüber gebreitet. Neben den Sesseln wird ausreichend Platz für Rollstühle geschaffen, als kurz vor 15 Uhr das Pflegepersonal die ersten Klientinnen bringt. Etwas später – acht Heimbewohnerinnen, die Altenbetreuerin Angela und der Pfleger Peter haben eben Platz genommen – erscheinen die Gäste: Kater Happy, die Kaninchen Momo und Molly sowie die beiden kleinen Hunde Max und Mäuschen. Natürlich ist auch Marianne, der zweibeinige Teil des Therapieteams mit von der Partie – zunächst einmal etwas erschöpft von der „tragenden Rolle", nach Abstellen der Transportboxen aber sofort fröhlich und einsatzbereit.

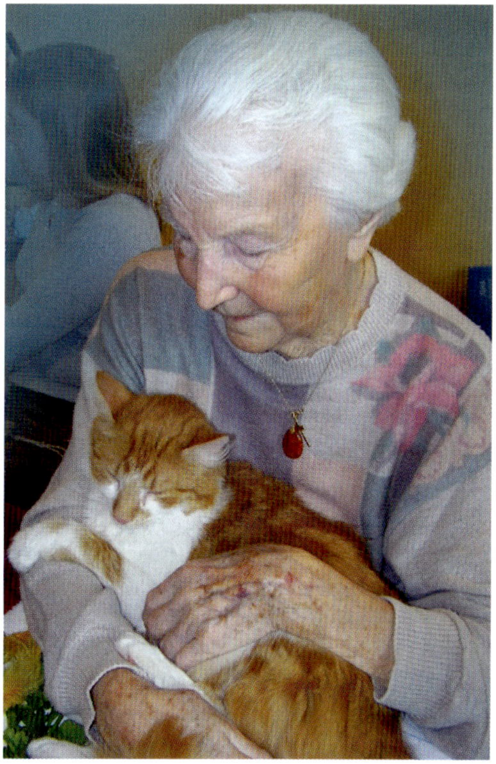

Frau Hermi ist glücklich.

Nach dem Begrüßungsritual – dem persönlichen Ansprechen jeder Klientin und dem Wechseln einiger lieber Worte – breiten alle gemeinsam ein Tuch mit dem Familiengeruch der Kaninchen auf und deren Transportbox wird geöffnet. Sofort strecken Momo und Molly ihre Nasen heraus, sichern kurz und hoppeln eine Runde. Dabei beschnuppern sie jede Dame, lassen sich berühren und streicheln. Die unterschiedlichen Bewegungsmuster regen zum Beobachten an, gefüttert wird mit verschiedenen Küchen- und Wiesenkräutern. Die Tiere aktivieren und regen zum Gespräch an. Frau Hermi fragt aufgeregt: „Ist das die Katze, ist das der Happy?", während sie Momo streichelt. Durch eine Makuladegeneration hat sie ihr Augenlicht fast völlig verloren und ist, an den Rollstuhl gefesselt, auf Hilfe in fast jeder Lebenssituation angewiesen. Als große Katzenfreundin hat sie Happys Besuch ganz besonders herbeigesehnt. Der beeindruckend große Kater kommt auf Ruf ganz nah, macht sich klein, legt sich vor ihr auf die Seite und legt den Kopf auf die geöffnete rechte Hand. Während die linke Hand sanft zu streicheln beginnt, wird immer lauteres Schnurren hörbar. Frau Hermi hat Tränen der Rührung im Gesicht, als sie sagt: „Das ist ja wie im Paradies!"

Wohnadresse Seniorenheim oder zu Besuch?

So wunderschön und rührend diese Begegnungen immer wieder sind, man sollte daraus keinesfalls den Schluss ableiten, dass Katzen – außer in privater Haltung – in Senioren- oder Pflegeheimen wohnen sollten! Die ständige Gegenwart eines Tieres ist noch lange keine tiergestützte Intervention. Eher das Gegenteil. Im Frühjahr und Sommer 2011 wurde durch Frau Dr. Rosmarie Poskocil die erste ethologische Studie, die die Katzenhaltung in Seniorenheimen in ganz Österreich zum Inhalt hat, durchgeführt. Obwohl quantitativ erfassbare Daten erst im Frühjahr 2012 vorliegen werden, sind aufgrund ihrer Berichte überwiegend negative Ergebnisse zu erwarten. Aufgrund mangelnden Wissens über die Bedürfnisse der Tiere ist eine erhebliche Zahl der Samtpfoten äußerst scheu und verunsichert.

Ein zufriedenes Katzenleben dürfen die wenigsten Stationskatzen führen.Hier fehlt ein gemütlicher, geschützter Rückzugsplatz.

Katzen, auf die nicht ausreichend geachtet wird, leben mit einem erheblichen Risiko – sie finden den Tod zwischen automatischen Türen oder durch Kippfenster, werden irrtümlich in wenig benutzten Räumen eingesperrt, aber nicht gesucht, fressen ausgestreute Tabletten. Es kommt vor, dass nicht katzenfreundliches Personal die Tiere aus den Patientenbetten jagt, da tierhaarfreie Überzüge ihnen bedeutsamer erscheinen als die Freude der alten Menschen über das Schnurren und die Wärme des Tieres. Traumata der Katzen (Krücke wird nach dem Tier geworfen o.Ä.), aber auch Abwehrverletzungen durch Kratzen oder Beißen (schlafende Katze wird ununterbrochen zu streicheln versucht) stören die Mensch-Tier-Beziehung nachhaltig.

Selten sind in Heimen auch nur halbwegs akzeptable Bedingungen für ein zufriedenes Katzenleben gegeben. Leider gibt es in Österreich derzeit weder verbindliche Standards noch Kontrollen der Haltung. Vorauszusetzen wäre die Akzeptanz des Tieres durch das gesamte Pflegepersonal, verantwortungsvolle Betreuung durch fixe Bezugspersonen, Rückzugsmöglichkeiten, Schutz vor körperlicher Gewalt durch (demente) Heimbewohner, tierärztliche Versorgung und liebevolle Ansprache. Lediglich in einer verschwindend geringen Anzahl der untersuchten Seniorenheime in Österreich sind diese Voraussetzungen zur Zufriedenheit aller beteiligten Zwei- und Vierbeiner erfüllt.

Zärtlichkeit und Verbundenheit erhellen den Alltag.

Die Katzen sind Brücken zwischen den Heimbewohnern und der Außenwelt. Auch auf Angehörige hat die tierbegleitende Therapie positive Auswirkungen, die Kinder kommen öfter mit zu Besuch, Angehörige nehmen an tiergestützten Interventionen teil und freuen sich mit ihren älteren Verwandten mit. Eine Studentin sagte einmal: „Unsere Tiere sind Architekten, sie bauen Brücken zwischen den Generationen." Sie hat es auf den Punkt gebracht.

Die wichtigste Arbeit, die Katzen bei älteren Heimbewohnern leisten, ist das Auslösen positiver Gefühlsregungen, die sich im Wunsch nach Zärtlichkeit äußern. Streicheln, Kuscheln und liebevolles Sprechen mit dem Tier stehen daher in der Regel im Vordergrund. Depressionen verfliegen, zumindest für den Augenblick, körperliche und geistige Aktivität nehmen zu. Gespräche über die Vorlieben der Katze, den Pflegebedarf, Ernährung und lustige Spiele mit der Katzenangel oder mit Bällchen bringen den Klienten viel Freude. Die Grenze zwischen Zeitvertreib und therapeutischer Maßnahme verschwimmt in vielen Fällen völlig. Denn durch die regelmäßige Schulung der Feinmotorik beim Bürsten, Füttern oder Spielen kommt es immer wieder vor, dass bereits verloren geglaubte Kompetenzen wiedererlangt werden. Die folgende Geschichte erläutert diese Tatsache anhand eines Beispiels aus der Pflegestation.

Frau G. ist eine beeindruckende Persönlichkeit. Sie hat zwei Menschen, ihre Mutter und auch ihren Ehemann jahrelang aufopfernd bis zu deren Tod gepflegt. Jetzt ist sie 82 Jahre alt, seit 10 Jahren – nach zwei Herzinfarkten und einem Schlaganfall – halbseitig gelähmt, fast blind und selbst ein Pflegefall. Manchmal wäre die Demenz wie ein weiches dunkles Kissen, das die Seele schützt – vor den gierigen Verwandten, die nur darauf warten zu erben, davor, das eigene körperliche Leid jeden Tag neu ertragen zu müssen, vor der Traurigkeit, vor der Angst vor dem Tod … . Frau Gs kognitive Fähigkeiten sind jedoch uneingeschränkt vorhanden, sie bittet um einen Besuchsdienst, wenn möglich mit Tieren.

Happy verlässt die Transportbox wie immer flott und beginnt sich im Raum umzusehen. Der Rundgang wird nur durch einen ausgiebigen Blick aus dem – natürlich geschlossenen – Fenster unterbrochen. Das Krankenzimmer ist mit zwei Betten inkl. Nachtkästchen, eines davon leer, einem Tisch und zwei Sesseln ausgestattet, der attraktivste Aufenthaltsort ist also das kuschelig warme Bett von Frau G. Während sich Happy zielgerichtet auf die linke, gelähmte Seite zubewegt und dort Platz nimmt, beginnen die Übungen für die Feinmotorik der rechten Hand: Aufschrauben einer Dose, Greifen nach vorbereiteten Futterstückchen mit zwei Fingern, Bewegen des Arms, Füttern, Streicheln. Streicheleinheiten anderer Art, in Form von Gesprächen über Literatur, folgen.

Nach einigen Wochen kann Frau G. wieder selbst den Esslöffel halten und ihr Radio auf dem Nachtkästchen einschalten. Dank Happy!

Die Traurigkeit ist geblieben, aber etwas erträglicher geworden. Frau G. betet sehr viel.

Begleiter auf dem letzten Weg – Katzen in palliativmedizinischen Einrichtungen

Palliativstationen sind auf die Versorgung von Patienten mit unheilbaren und fortgeschrittenen Krankheiten spezialisiert. Alle Entscheidungen über Therapien und andere Maßnahmen, die emotionale, psychische und spirituelle Bedürfnisse betreffen, werden mit dem Ziel durchgeführt, die Lebensqualität der Menschen bis zuletzt zu erhalten. Das Betreuungsteam trifft sie gemeinsam mit Patienten und Angehörigen. So bleibt die Autonomie des Patienten gewahrt.

Durch den Körperkontakt entsteht harmonische Verbundenheit.

Kater Max und Katze Mimi kommen durch die einen Spalt geöffnete Türe in Pias Zimmer. Die Futterschüsseln der beiden wurden vom liebevoll und sorgsam agierenden Pflegepersonal der Palliativstation ganz gezielt dorthin gestellt, um der Tierfreundin ihren großen Wunsch, die Katzen der Einrichtung sehen und streicheln zu dürfen, zu erfüllen. Spielen und toben kann Pia mit den Samtpfoten nicht mehr. Das wäre zu anstrengend, denn Pia hat Cystische Fibrose (Mukoviszidose), leidet trotz des Sauerstoffgerätes an Atemnot. Aufgrund des Gendefekts produziert ihr Körper seit nunmehr 18 Jahren ein Sekret, das die Funktion der Lunge und anderer lebenswichtiger Organe

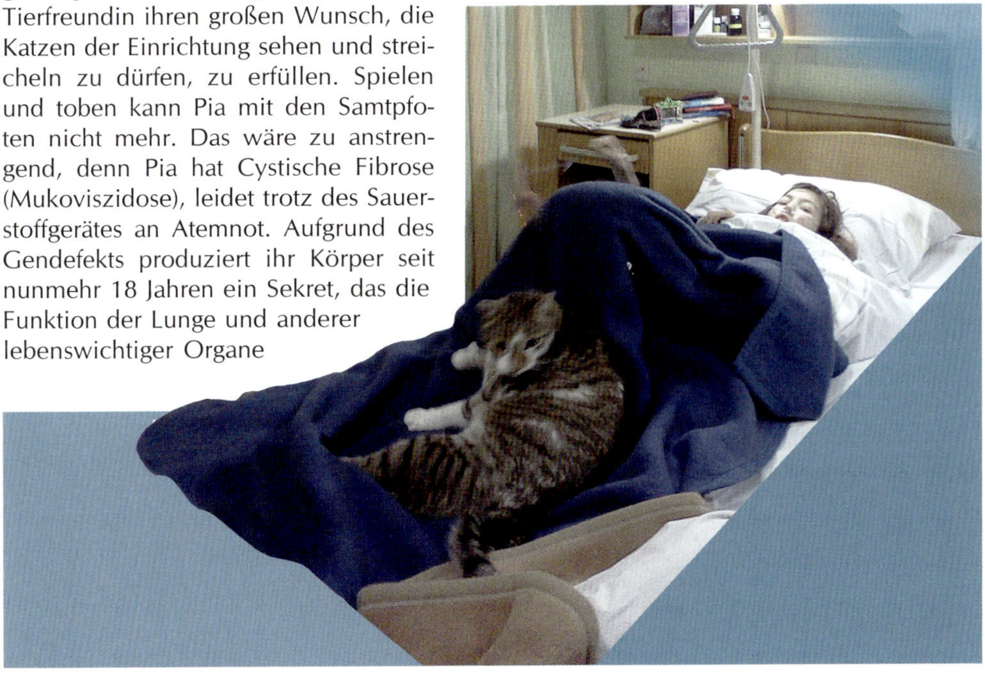

behindert. Der fortschreitende Funktionsausfall beeinträchtigt Lebensqualität und Lebenserwartung massiv. Da aus medizinischen Gründen eine Lungentransplantation nicht möglich ist, gibt es keine Behandlungsmöglichkeiten mehr. Pia ist ein unheimlich tapferes Mädchen, obwohl sie sehr schwach ist und nur mehr 26 Kilogramm wiegt, wendet sie ihre ganze Kraft auf, um noch bei Tisch selbstständig zu essen. Max springt nämlich bevorzugt während der Einnahme der Mahlzeiten oder bei den abendlichen Brettspielen auf ihren Schoß und leistet dem Mädchen Gesellschaft. Nachmittags erheitert er sie mit lustigen Fangspielen und kein Tag während des zweiwöchigen Aufenthalts vergeht, an dem die beiden Katzen es verabsäumen, in Pias Bett ein Nickerchen zu machen. Der Abschied von Max und Mimi fällt Pia und ihrer Mutter verständlicherweise sehr schwer. Pia wünscht sich nach dem Heimkommen zwei Katzen.

Drei Tage später stirbt Pia friedlich zu Hause, sie wacht am Morgen einfach nicht mehr auf. Die Zeit mit den beiden Samtpfoten in der Palliativstation wird Pias Mutter nie vergessen, sie haben viel Licht in die letzten Lebenstage ihrer geliebten Tochter gebracht.

Ausblick

Mit Tieren, die man liebt, anderen Menschen helfen zu dürfen, ist ein wertvolles Geschenk, das man der Gesellschaft, aber nicht zuletzt auch sich selbst macht. Die Prozesse und Ergebnisse schenken Zufriedenheit, Hilfe zu bringen tut auch den Helfern gut.

Die Arbeit mit Hunden ist sehr effizient, ihre freundlich-auffordernde Art ist ein Türöffner für viele Seelen. Schulung der Feinmotorik bei motivierendem Spiel und anregende Kommunikation im Seniorenheim, „tierisch gut lernen“ in der Schule – Hunde sind hervorragende Co-Therapeuten und Co-Pädagogen. Begeistert begleiten sie ihren zweibeinigen Teampartner überall hin. Warum also tiergestützte Interventionen mit Katzen? Gibt es irgendetwas, was Katzen besser können als der älteste vierbeinige Freund des Menschen? Wahrscheinlich ist die Frage falsch gestellt, sie sollte eher lauten: „Wie unterscheiden sich die beiden in ihrer Art, Beziehungen zu Menschen einzugehen?“ In meiner ganz persönlichen Antwort liefert die Individualität der Katze die Erklärung. Katzen sind schwieriger zu verstehen als Hunde, ihr Inneres ist komplexer, vielschichtiger, weniger leicht kategorisierbar. Um langfristig ihr Vertrauen zu gewinnen, braucht es sehr viel Einfühlungsvermögen, Wissen und Toleranz. Sehr vereinfachend könnte man sagen: Katzen muss man sich verdienen, Hunde drängen sich auf. Ihre Zuneigung zeigen die sensiblen samtpfotigen Partner auf vielfältige Weise, etwa durch heilsames, entspannendes Schnurren oder Köpfchen reiben, manchmal suchen sie auch nur Augenkontakt und blinzeln uns partnerschaftlich-freundlich zu. Am meisten profitiert der Mensch, der mit dem Heimtier Katze in Verbundenheit zu Hause lebt, erst in zweiter Linie sind die geplanten pädagogischen und therapeutischen Interventionen zu nennen. Kinder lernen durch Katzen viel schneller als durch Hunde, dass Individualität und Freiraum zu respektieren sind, die Persönlichkeitsentwicklung hin zu einem emotional stabilen, sozial kompetenten Menschen wird begünstigt. Im authentischen Menschen sind Körper, Geist und Seele in sich stimmig, Körpersprache und Wort kongruent, die Taten ehrlich. Menschliche und tierische Kommunikationspartner gewinnen rasch Vertrauen und können gemeinsam in Würde wachsen – jeder individuell auf seinem Weg.

Ich wünsche mir von ganzem Herzen, dass die Wissenschaftler, die sich mit der Erforschung der Mensch-Tier-Beziehung und der heilenden Wirkung der Tiere beschäftigen, den Kontakt zu ihrem Innersten nicht verlieren, dass eine Vernetzung von Theorie und Praxis für alle Beteiligten ein Bedürfnis ist und dass man die Katzen fragt, ob sie für und mit uns arbeiten möchten und ihre Antwort respektiert. Ach ja, und dann wünsche ich mir noch für jedes Kind eine gut sozialisierte Katze. Dann gäbe es auf der Welt vielleicht weniger Mäuse, aber auch weniger Aggression und Gewalt, die würden einfach weggeschnurrt …

Service

Skripten

(kostenlos zu beziehen über die Autorin.
Kontakt: www.tierischgutlernen.at, marianne.hahsler@aon.at)

HAHSLER, M. (2008): Die Katze – Evolution, Domestikation, Geschichte (TAT-Kleintierseminar 26. 4.2008)

HAHSLER M. (2008): Die Katze – Biologie, Verhalten, artgerechte Haltung und Training (TAT-Kleintierseminar 26. 4.2008)

HAHSLER M. (2008): Richtlinien für Ausbildung und Prüfung von Kleintieren (TAT-Kleintierseminar 12. 4.2008)

POSKOCIL, R.; HAHSLER M. (2011): Seminarunterlagen – Steckbrief Katze (TAT-Seminar am 30.4.2011)

HAHSLER, M. (2009): Artspezifisch-wesensgerechtes Training der Katze

Der **Verein Tiere als Therapie** mit dem Sitz an der Veterinärmedizinischen Universität Wien, bietet ein umfassendes Angebot an Ausbildungsmöglichkeiten. Informationen unter www.tierealstherapie.org.

Der **Verein Humani** unterstützt Menschen und Tiere, die von unserer Gesellschaft benachteiligt werden, sei es wegen Krankheit, Alter, geistiger und/oder körperlicher Beeinträchtigung usw.

Die Förderung der Mensch-Tier-Beziehung geschieht durch Informationsvermittlung über das artgerechte Miteinander, Seminare und Veranstaltungen, die beim Menschen Neugier und Interesse für alle Formen tierischen Lebens erwecken, durch Unterstützung ausgewählter Tierschutzprojekte, Tierbesuchsprogramme in diversen Institutionen, Veranstaltungen zugunsten hilfsbedürftiger Menschen oder Tiere u.v.m.

Kontakt: www.humani.at; verein@humani.at

Die **Katzenhilfe Mostviertel** hat sich zum Ziel gesetzt, das traurige Leben vieler Landkatzen zu erleichtern. Neben Kastrationsprojekten, tierärztlichen Interventionen und Vermittlung von Notfalltieren hat sich der Verein auch zum Ziel gesetzt, die Wertschätzung von und das Verständnis für Katzen zu verbessern. Dies geschieht unter anderem mittels Jugendarbeit, Seminaren und persönlicher Beratung.

Kontakt: www.katzenhilfe-mostviertel.at; verein@katzenhilfe-mostviertel.at

Bücher über Katzen

BRAUN, M. (2005): Clickertraining für Katzen, Cadmos-Verlag GmbH, Brunsbek, ISBN 3-86127-124-9

FEDERER, G., RIVAS, M. (2009): Spiele für Katzen, Kosmos, ISBN 978-3-440-10992-2

FOGLE, B. (1999): Naturgemäße Katzenhaltung, BLV, ISBN 3-405-15675-0

HEATH, S. (2002): Katzen verstehen; Katzenprobleme aus verhaltenstherapeutischer Sicht, Pala-Verlag, ISBN 3-89566-183-X

HOFMANN, H. (2007): Meine Katze; GU; ISBN 978-3-8338-0597-4

LASER, B. (2004): Clickertraining - mehr als Spaß für Katzen, ISBN 3-9809810-0-2

LEYHAUSEN, P.(2005): Katzenseele – Wesen und Sozialverhalten; Kosmos, 2. Auflage, ISBN 978-3-440-09864-6

MORRIS D. (2006): Catwatching – die Körpersprache der Katze; Heyne, 9. Auflage.

MÜLLER, U., WEGLER, M. (2007): Die Katze, Gräfe und Unzer, 8. Auflage, ISBN 3-7742-5095-2

SCHROLL, S., DEHASSE, J. (2004): Verhaltensmedizin bei der Katze – Leitsymptome, Diagnostik, Therapie und Prävention, Enke Verlag in MVS Medizinverlage Stuttgart, , ISBN 3-8304-1041-7

SCHROLL, S. (2003): Aller guter Katzen sind ... ? Der Mehrkatzenhaushalt, Verlag Videel OHG, Niebüll; 2003 ISBN 3-89906-431-3

SCHROLL, S. (2007): Miez, Miez – na komm! Artgerechte Katzenhaltung in der Wohnung, Verlag Videel OHG, Niebüll; ISBN 3-89906-107-01

SEIDL, D. (2007): Mit Katzen leben – Richtig pflegen, füttern und beschäftigen, Kosmos ISBN 978-3-440-10831-4

THEBY, V. (2009): Clickern mit meiner Katze; Kosmos; ISBN 978-3-440-11193-2

TURNER, D. (2004): Turners Katzenbuch – Wie Katzen sind, was Katzen wollen ... Der Weg zu einer glücklichen Beziehung, Kosmos, ISBN

TWARDOKUS, P. (2008): Coaching für Katzenhalter, Franckh-Kosmos Verlags-GmbH & Co KG, Stuttgart, ISBN 978-3-440-11431-5

Bücher zu verschiedenen Themen, vor allem Mensch-Tierbeziehung und tiergestützte Therapie

BECKER, M. (2007): Heilende Haustiere – Wie Hund, Katze und Maus Sie seelisch und körperlich gesund halten; Riva Verlag, München, ISBN 978-3-936994-24-7

BEKOFF, M. (2008): Das Gefühlsleben der Tiere; animal learn Verlag, ISBN978-3-936188-42-4

BENECKE, N. (1994): Der Mensch und seine Haustiere – Die Geschichte einer Jahrtausende alten Beziehung, Theiss-Verlag, ISBN 3-8062-1105-1

FINE A. (2000): Handbook on Animal Assisted Therapy, Theoretical Foundations and Guidelines for Practice. Academic Press, 2000, ISBN 0-12-256475-8

GREIFFENHAGEN, S., BUCK-WERNER, O. (2007): Tiere als Therapie – Neue Wege in Erziehung und Heilung; Kynos Verlag; ISBN 978-3-933228-24-6

HURRELMANN, K.: Einführung in die Sozialisationsforschung. Über den Zusammenhang von Sozialstruktur und Persönlichkeit. 7., neu ausgestattete Auflage 2001, Beltz Verlag, Weinheim und Basel

KOTRSCHAL, K. (2008): Menschen und Tiere – Eine evolutionäre Schicksalsgemeinschaft in Was ist der Mensch? Montagsakademie Band 4, Karl Franzens Universität Graz ISBN 978-3- 7011-0137-5

MURPHY-WITT, M., STAMER-BRANDT, P.: Was Kinder für die Zukunft brauchen, Verlag Gräfe und Unzer, ISBN 3-774-26167-9

OLBRICH E.: Psychologie der Mensch-Tier-Beziehung, 2002, Seite 35-64 Proceedings 1. Internationales TAT-Symposium „Tiere als Therapie – Theorie und Praxis"

OLBRICH E., OTTERSTEDT C. (Hrsg.): Menschen brauchen Tiere, Grundlagen und Praxis der tiergestützten Pädagogik und Therapie, 2003, Franck-Kosmos Verlags-GmbH; ISBN 3-440-09474-X

OTTERSTEDT C.. Tiere als therapeutische Begleiter, 2001, Franck-Kosmos-Verlags-GmbH &Co., Stuttgart; ISBN 3-440-08988-6

PIAGET J.: Über Pädagogik ,1998, Beltz-Verlag ISBN 3-407-22001-4

ROGERS C.: Entwicklung der Persönlichkeit, 15. Auflage 2004, Verlag Klett-Cotta, ISBN 3-608-94367-6

PROTHMANN,A. (2008): Tiergestützte Kinderpsychotherapie: Theorie und Praxis der tiergestützten Psychotherapie bei Kindern und Jugendlichen; 2. Auflage, Verlag Peter Lang Frankfurt; ISBN 978-3-631-57672-4

VERNOOJ, M., SCHNEIDER, S. (2010): Handbuch der tiergestützten Intervention, Meyer Verlag GmbH, 2. Auflage ISBN 978-3-494 -01489-0

Tagungsband

HAHSLER, M. (2008): Die Katze in der tiergestützten Therapie (Fachtagung, Katzenhaltung in der Großstadt, 3.10 2008)

Hausarbeiten, Diplomarbeiten

HAHSLER, M. (2005): Untersuchungen zur Förderung der Persönlichkeitsentwicklung 14- bis 17-jähriger Handelsakademieschüler/innen durch tierunterstützte Pädagogik am Fallbeispiel des erlebnisorientierten Sozialprojekts „Friends" der Vienna Business School Schönborngasse (Hausarbeit zur Erlangung der Qualifikation „Akademisch geprüfte Fachkraft für tiergestützte Therapie und tiergestützte Fördermaßnahmen")

WIRNSPERGER B. (2011): Die Katze in der tiergestützten Heilpädagogik – Möglichkeiten und Grenzen tiergestützter Arbeit mit Katzen in einer Wohneinrichtung für Menschen mit körperlichen und geistigen Behinderungen (Hausarbeit zur Erlangung der Qualifikation „Akademisch geprüfte Fachkraft für tiergestützte Therapie und tiergestützte Fördermaßnahmen")

Ad Personam

Marianne Hahsler, geboren 1960, unterrichtet seit 1983 an der Vienna Business School Schönborngasse die Fächer Biologie, Ökologie und Warenkunde, Chemie und Physik, seit 2005 auch das Pflichtfach „Persönlichkeitsbildung und soziale Kompetenz" mit Hilfe tiergestützter Pädagogik. Akademische Fachkraft für tiergestützte Therapie und tiergestützte Fördermaßnahmen, Tiertrainerin. Vortragstätigkeit, vorzugsweise ehrenamtlich zur Finanzierung von Tierschutzprojekten in Form von Seminaren, Workshops und Referaten seit 2005, Vorstandsmitglied bei TAT unter Prof. Dr. Josef Leibetseder von 2007 bis 2010, ehrenamtliche Arbeit für Menschen mit erhöhtem Förderbedarf mit Unterstützung der Hunde Max und Mäuschen, Kater Happy, Kaninchen und Hühnern.

Erste zarte Einblicke in die Katzenseele durfte ich bereits als Kleinkind machen, tiefe Freundschaften mit Katzen ergaben sich jedoch (leider) erst seit einigen Jahren. Derzeit leben im gemeinsamen Haushalt neben vielen anderen Tieren – in harmonischer Eintracht – zwei Kater (Felix und Happy) und zwei Katzen (Zizi und Puppi).

Ich wünsche mir, dass diese Arbeit einen Beitrag zur Verbesserung der Beziehung zu diesen wunderbaren Tieren bieten kann. Gute Ideen, aber auch Fragen oder Hinweise auf Unzulänglichkeiten fallen mit Sicherheit auf fruchtbaren Boden unter marianne.hahsler@aon.at.